批判的スポーツ社会学の論理
—その神話と犯罪性をつく—

影山 健 著

自由すぽーつ研究所 編

はじめに

スポーツや体育が嫌いなのには理由《ワケ》がある

本書は、スポーツや体育がなぜ、体罰やドーピングなど多くの忌むべき社会問題を起こしてしまうのか？　そしてなぜ、生死にかかわるような重要な社会的政治的課題を、「スポーツの歓喜」と「体育の精神」が覆い隠してしまうのか？　を批判的に考えるための書である。

本書はスポーツ社会学者である影山健（一九三〇年〜二〇一六年）によって書かれた。

影山先生の研究テーマは、批判的視点によるスポーツ社会学の構築だった。そのためにエリートスポーツより市民スポーツを！　競争原理重視より協働原理重視を！　リトルリーグのような管理された遊びより地域の子どもたちによる草野球を！　部活動のような勝利至上主義より同好の仲間による総合的な楽しみを！　西洋医学依存より自己の身体との対話を！　と主張し続けた。

大学で教鞭をとりながらも、地域や近所に住む市井の人たちに声をかけ、疑問があれば一緒に解決に向けて動き、ときには行政や体制の傲慢さに憤りながら、実際に反対行動を果敢に実行した。そんななかで、影山先生の論理は磨かれた。

学会での発表だけでなく、たくさんの啓発パンフや情報誌を作り続け、行政への抗議書や質問状も書いた。もちろん、スポーツや体育の問題を学術的に切開しながら、論文や雑誌からの依頼に応えて書き続けてきた。

本書には七つの論文を収録した。

第Ⅰ部はオリンピック批判の論文である。影山先生は名古屋にオリンピックを招致しようという愛知県と名古屋市の動きに対し、体育スポーツ研究者として疑問をもち、反対した。海外のスポーツ社会学の文献をたくさん読み込みながら、「オリンピックは中止すべき」という結論に至った。

二〇二〇年の東京オリンピックに対しても異議申し立てをしていた。オリンピックに関する影山先生の最後の論文になるが、それを収録している。

影山先生は体調を崩し病床についているときさえ、私たちに「東京オリンピックはダメだよ。ますます東京が、いや日本が荒廃する」と語っていた。

第Ⅱ部はスポーツに関する論文である。スポーツの競争原理主義には、たくさんの弊害があり、それを「勝っておごらず、負けて悔やまず」という精神主義的な回収でなく、スポーツの構造そのものを根本からとらえ返して批判すべきだという主張である。産業化されたスポーツの問題点を論じている。

第Ⅲ部は体育批判である。ここには、愛知の教育の管理主義化に対する批判も同時に述べられて、新しい批判的体育学の構想が論じられている。体育のもつ「管理指向」と「管理嗜好」への批判には憤りが感じられるが、影山先生自身は自らを体育人として、決して体育教師やスポーツ大好き人間を攻撃するのではなく、温かくも厳しい反省的な思考で論じている。

さて、本書を編集した岡崎、土井、山本は、影山先生に教えを請うた不肖の弟子である。「この論文を読んでおきなさい」「これについてどう思うかまとめてみなさい」と影山先生は常に宿題を出してくれていた。学問的なことはもちろんだが、一方で市民集会の開催方法、抗議文の書き方、情報宣伝チラシの配布のしかた、そして、みんなのための「市民運動としての芋煮会」のやり方など、多面的な指導を受けた。本書では、そんな先生の「智」と「志」もみなさんに届けたいと思う。

本書が多くの「体育嫌い」「スポーツ嫌い」のみなさんを勇気づけ、「スポーツエリート」や「体育教師」の覚醒の助けとなればと強く願う。

なお、本書についての責任は、すべて編集した自由すぽーつ研究所にある。

岡崎　勝

批判的スポーツ社会学の論理　その神話と犯罪性をつく　目次

装画　照喜名隆充
装丁　小寺　剛（リンドバーグ）

I　オリンピックそのものを問う

第一章　東京オリンピック招致をめぐる問題点について

はじめに

この論説は、主としてアジアの友人のために、「東京オリンピック」の招致をめぐる諸問題と、現代オリンピックの問題点について書いたものです。ここで私が指摘したかったことは、「オリンピック」は、「体育」もそうですが、それらを取り巻く社会体制の問題と深くかかわっており、その変革を考えなければならないということです。そして、希求する変革に共通するキーワードは、「アジアの平和」ひいては「世界の平和」だということです。そういう観点から考えるならば、日本の戦争責任についての認識が何よりも重要ではないかという立場に立って、「オリンピック」の将来像について描いてみました。

日本では、「東京オリンピック」招致が大きな課題となっています（二〇二〇年開催予定、その決定は二〇一三年九月のＩＯＣ総会）。そこでここでは、開催招致をめぐる問題点とその社会的背景、および今後のオリンピックのあり方を記しておきますので参考にしてください。そしてもし可能ならば、どのような形にせよ招致反対にご協力をいただければ幸いです。なお、ここでは「東京オリンピック」と記しますが、これには「パラリンピック」招致も含みます。

今、日中間では、残念ながらいろいろな問題が生じてきています。しかし両国は、一衣帯水の間柄ですから、両国民がもっと仲良くしていくことによって、それらの問題を解決していくことができると信じています。尖閣諸島（中国名：釣魚島）の問題にしても、しばらくは共同管理にして、鄧小平さんがいっていたように両国がもっと仲良くしていけば、子孫たちがうまく解決してくれると思っています。

しかし、両国間の問題解決を子どもたちだけに託するわけにはいきません。私たち大人ができることは、私たちが解決していかなければなりません。その意味で私たちの仕事は、日本の戦争責任ということについて自覚し、市民レベルでの日中交流をもっと深め、両国民がより仲良くするように努力することだと思います。

日中間には、中国人強制連行や強制労働の補償問題、従軍慰安婦問題、南京大虐殺問題等々未解決の問題がたくさんあります。従軍慰安婦の問題は、国際的な問題になってきていますが、韓国や台湾、中国、フィリピン、インドネシア等々の国々の人々は、補償を求めて裁判に訴えています。これは、「心からのお詫びと反省の気持ちを申し上げる」という一片の河野談話（一九九三年八月四日）で片付く問題ではなく、最近になっても橋下大阪市長（政党代表）の暴言が飛び出してきているのが現状です。その他にも、「朝鮮人」強制連行、等々未解決の戦後補償問題がたくさんあります。日本人は、アジアの人々と仲良くしようとするならば、このような戦争責任の問題を忘れてはいけないと思います。特に、世界平和の問題や、教育の問題に関心のある人にとっては、必要不可欠の課題といえましょう（必読参考文献　田中宏他編著『未解決の戦後補償―問われる日本の過去と未来―』創史社　二〇一二年）。

けれども日本では逆に、「春のザイトク祭り」といった韓国人（特別在留外国人）排斥デモ（ヘイトデモ）が新大久保の駅付近や大阪で起こっています。もちろんこのようなヘイトデモに対する日本の市民たちの反対運動も起きていますが、このさまざまなヘイトデモが今になっても起こってくるというのは、同じ日本人としても信じがたいことです。

「東京オリンピック」の招致については、いま、政治家やスポーツ関係者たちが躍起になっています。しかし一般国民は冷めているように思います（後述の支持率参照）。その原因については後述のとおりです。そこで、私たちも近い将来、できれば名古屋か東京において招致反対のための市民集会を開きたいと思っています。名古屋は、かつて私たち市民が「名古屋オリンピック」の招致に反対し、私たちが〝勝利〟を収めたところです。そこで、もし可能ならば「アジア市民スポーツ会議」のようなものを開きたいのですが、それは資金等の面からいってすぐには難しいかと思います。しかし最近は、世界各国において、オリンピックに反対する市民や研究者たちが多くなってきていますので心強い限りです。

なおこの論文においては、アジアという言葉を多く使います。しかしここでは、アジアを特定の地理的範囲を示す言葉としてではなく、アジア的生活様式をもった国々として用います。したがってその範囲については、各人がイメージしてください。

第一節　「東京オリンピック」招致の問題点

今度の「東京オリンピック」の招致には、多くの問題があります。その問題点を挙げると次のとおりです（順不同）。

○招致の目的が曖昧であること

招致には、開催の意義や目的が重要であることはいうまでもありません。しかし「東京オリンピック」はそれが曖昧で、

（参考）立候補都市における地元の支持率　（ＩＯＣ調査，2012 年５月）

立候補都市名	開催賛成者割合
マドリード（スペイン）	78%
イスタンブール（トルコ）	73%
東京（日本）	47%

（注）2013 年１月、ＩＯＣ委員の来日時における調査によると 70 パーセントに上がったが第３位は変わらなかった。このとき、オリンピック候補選手たちの、ＩＯＣ委員に対する媚びるような態度には嫌気がさした。選手たちもきちんとした論理をもつ必要があると感じた。

目的が、二転、三転していることからもそれが明らかです。最初のスローガンは「復興五輪」でした。しかし、それではあまり「誇大広告」過ぎるというので気が引けたのでしょう。「立候補ファイル」（二〇一三年一月八日ＩＯＣに提出）では「海外向け」と「国内向け」に分け、前者は「Discover Tomorrow（未来をつかもう）」とし、後者の国内向けには、「今、ニッポンにはこの夢の力が必要だ」としました。しかし、これではかえってわからなくなってしまいました。このように招致にとっていちばん重要な目的が不明確なのです。招致関係者にとっては、開催の意義よりも、招致することそれ自体を重要視しているのではないかと思われてきます。

○オリンピックは「東日本大震災」（以下大震災という）の復興に本当に役に立つのか？むしろ災害復興を遅らせるのではないか！

このことは誰もが思うことです。いま私たちにとって緊急の課題は、災害からの復興です。このようなときに、多くのお金やエネルギーを使ってオリンピックを開こうとするのは全く「愚の骨頂」としかいいようがありません。いうまでもなく、そんなお金とエネルギーがあるなら災害復旧や被災者の救済に充てるべきです。災害復興にとって緊急で重要な課題としては次の四つを挙げることができます。

1　災害を受けた人々の救済

2　原発被害処理と今後の原発対策をどうするか
3　今後の自然エネルギーの開発と活用方法をどうするか
4　地震津波対策をどうするか

右記の諸問題の解決は、どれ一つとっても容易なことではありません。それは、これらの問題のすべてが「質的な側面」をもっているからです。すなわち個人個人によって、あるいは地域等々によって考え方や実情を異にしているということです。したがって合意を得るのにも相当の時を必要とします。けれどもその質的な問題を乗り越えなければ、本当の解決に至ることはできません。

最近は、市民による「地域電力会社」が、かなりの地域において作られるようになってきています（高橋真樹『自然エネルギー革命をはじめよう―地域でつくるみんなの電力』大月書店　二〇一二年　参照）。これなどはまさにエネルギーの〝質〟にかかわる事柄で、日本における将来の電力供給のあり方を左右する問題を含んでいます。このようなときにオリンピックの誘致にエネルギー（精神的にもまた実際的にも）を使う余裕はないはずです。それにもかかわらず誘致に走るのは、むしろ復興を妨げることになります。

なお今度の大震災による被害状況を記しておきますと、現在でも四〇万人以上の人が故郷に戻ることができず、放射能汚染のために外で遊べない子どもたちもたくさんいます。

そして亡くなった方々は、二〇一三年一月九日現在で一万五千八百七十九人にものぼり、行方不明の方は未だ二千六百八十一人もいます。

今回の大震災に当たっては、世界の多くの方々から温かいご支援をいただきました。その方々のご好意に報いる途は一日も早い復興であって、オリンピックの招致などではないはずです。

○世界の平和実現に対する見識がない

このことは戦争責任の問題と重なりますが、オリンピックの招致、開催においてもう一つ重要なことは、開催国として、これからの世界の平和実現に対するそれなりの見識をもっていることです。しかし招致関係者からは、平和政策についての見解が示されたことは一度もありません。今のオリンピックが唱える「平和宣言」とか「平和休戦」、「アジェンダ21」というのは、現実的には「絵に描いた餅」にすぎません。多くの国の人々は、戦争におびえ、貧困に苦しみ、環境の悪化に苦しんでいます。オリンピックは、本当にその解決に貢献しているのでしょうか。私には、むしろそれらの問題を悪化させるような働きをしていると思われてなりません。そこで重要なことは、開催国は開催国としての、国際平和の現状をどのように考え、平和実現のためにどうすればよいかという哲学をもつことです。

○「オリンピック」そのものに対する批判の増大

災害復旧を阻害するような「東京オリンピック」招致は、「オリンピック」そのものに対する批判を顕在化させてきているように思います。次章で述べるように、市民たちの間には「オリンピックより先にやることがある」というまっとうな声と同時に、たとえば「商業主義」等最近のオリンピックそのものに対する疑問の声も大きくなってきています。ここでは、それを「オリンピックイデオロギー」批判と呼んでおくことにします。

a「オリンピック」は本当に世界の平和に役にたっているのか。むしろ既述のように世界的に格差を広げ、国家間の対立を激化させる方向に機能しているのではないか。

b「オリンピック」は、「スポーツの産業化、商業化」を促進するとともに、むしろ「選手の人間性の破壊」に貢献しているのではないか。

c「オリンピック」は、勝利至上主義と結びついて、ナショナリズムを高揚させることとともに、スポーツ＝自由の言説のもとで新自由主義的社会の強化に貢献しているのではないか。

d「オリンピック」は男女差別や人種差別をむしろ助長し、環境破壊の促進に貢献しているのではないか。

これらの論理の詳細についてはここでは省きます。しかしこのような「オリンピックイデオロギー」についての分析と考察、および今後の対策については、オリンピックを招致しようとする以上、絶対に必要なことといえましょう。しかし、東京都やＪＯＣは、このようなことについて議論し、自分たちの考えを表明するようなことは何らしていません。このことは、今のオリンピックの問題性を考え、「新しいオリンピック」を開こうという哲学も意欲もないことを示しています。再度クーベルタンを勉強する必要があるのは、子どもたちではなくＪＯＣやＩＯＣであるといいたくなります。

○ＪＯＣや関係者の独善的、非民主的体質

ＪＯＣはオリンピックについて上述のような哲学をもたないだけではなく、招致に関連して市民の意見を聞こうともしていません。ある意味でオリンピックは国家的な事業です。そして日本は民主的な国家であることを標榜しています。したがって、各地で市民ミーティングのような集会を開き、市民の意見を聞くということがあって当然だったと思います。しかし、ＪＯＣの独善的、非民主的な体質は、そんなことは考えもつかないのでしょう。そのような意味で、オリンピックをむしろ悪くしているのはＪＯＣだといいたくなります。彼らが向かいあっているのは国民ではなく、いつもスポーツ産業や権力者の方なのです。これでは「良いオリンピック」など開けるわけがありません。

このたびの猪瀬都知事や橋下氏（維新の会代表）の暴言も、このような独善的体質の表われといってもよいと思います。

第二節　問題の社会的背景

これまで述べてきたように、招致する意味が明白ではなく、また問題の多い「東京オリンピック」を、何故いま一生懸命になって招致しようとしているのでしょうか。そこで次に、オリンピック招致の社会的背景について探ってみることにします。社会的背景については、政治、経済、意識（文化）を取り上げますが、日本の実情を知っていただけるよう、できる限り具体的な事例も含めてお話したいと思います。

（1）政治的背景

最初に最近の日本の国家中心主義的な保守化の傾向についてお話しましょう。二〇一二年十二月に行われた衆議院（下院）の総選挙においては、自民党が大勝利を収め、タカ派の安倍晋三氏が総理大臣に選ばれました。彼は「強いニッポン」をつくることを政治信条とし、早くから憲法改正（改悪！）や教育の国家主義的な改変を唱えてきました。かつて「教育基本法」の改悪を断行したのも彼が前の総理大臣のときでした（二〇〇六年）。この改正では、「公共精神の尊重」とか「伝統と文化の尊重」「我が国の郷土を愛すること」等の条項が追加されました。そして、中学校の体育では「武道」（柔道あるいは剣道、相撲）が必修になりました。これらは、戦前の日本の姿と変わりません。

そして驚いたことは、昨年十二月の総選挙で当選した議員を対象としたアンケート調査の結果でした。それによると、いまの憲法解釈では認めていない「集団的自衛権の見直し」に賛成した議員が七十八パーセントもいました（政権党議員は九十三パーセント!）。また現行憲法では認めていない「軍隊の保持」（九条）を認める方向に憲法を改正すべきだと答えた人は、全議員の七十二パーセントもいました。

これらを見ても、日本の政治も国民感情も、国家中心主義的な方向に変わってきていることを知ることができます。そして「強いニッポン」という言葉がそのキャッチフレーズとして使われるようになりました。このような政治状況のなかで「東京オリンピック」の招致は、誠に〝時宜にかなった〟ものと考えたのでしょう。招致は、国民の「強いニッポン」感情表現にマッチするだけでなく、おのずと国家中心的政治状況を強化するのに役立ちます。「日の丸、君が代、天皇制」は昔の軍国主義時代のシンボルでした。今は「オリンピック」のシンボルともなっています。

なお、「日の丸」「君が代」について、もう一つ述べておかなければならないことがあります。それは、「東京オリンピック招致」を真っ先に言い出したのは、前の東京都知事の石原慎太郎氏ですが、彼のその後の政治のことです。そもそも「日の丸」と「君が代」が「国歌」「国旗」として制定されたのは一九九九年のことです。そのとき、多くの国民はその法制化に反対しました。その理由は、それらが先の侵略戦争のシンボルであり、ひいては天皇制の強化に働くと考えたからです。そして「日の丸、君が代」の強制は、憲法で保障している「思想、信条の自由」にも反するものだからでした。

ところが彼は、その後「日の丸、君が代」を子どもたちや教師に強制する措置を次々とうち出し、二〇〇三年十月二十三日には悪名高い「一〇・二三通達」を出し、入学式や卒業式のときの教職員の行動の仕方まで強制する措置（たとえば起立し、国歌を歌うこと）を定めました。そしてこの通達に従わない場合には、「職務上の責任」（懲戒免職等の意）が問われることを定めました。これは憲法の定める「思想、信条の自由」にも反する行為ですが、日本は「監視国家」化の道を歩み始めているのです。そしてその後、自分の良心に従って「国歌斉唱」のときも起立しない教員が続出し、処分を受ける教員が多く出ました。

この「通達」を出すような、古い国家主義に凝り固まった知事が「東京オリンピック」の招致を言い出したのですから、その狙いがどこにあったのか推測できます。オリンピックは、彼にとってはスポーツというよりも、政治の国家主義化を進めるための一環に過ぎなかったのです。このことは、オリンピックの唱える「政治的中立性」に明らかに違反することになります。ここにはむしろ「政治的中立性」を「隠れ蓑」に使って、政治のいっそうの右傾化を進めるという構造を見て取ることができます。安倍総理をはじめとする今の〝右寄り〟の政治家にとっては、さきの軍国主義日本の姿は、反省の材料ではなく、むしろモデルになっているといえましょう。

ここでぜひ指摘しておかなければならないことがあります。それは、一国のナショナリズムの強調は、他国のナショナリズムの高揚、強化にもつながりやすいということです。たとえいろいろな要因があったとしても、日本のナショナリズムの強化は、周りの国々にもナショナリズムの強化をもたらします。このことを子安宣邦氏は、「ナショナリズムの相互性」と呼んでいます（注1）。

日本は軍隊をもたない国だと公式的にはそう表明しています。しかしそれは、「アメリカの軍隊に守られた平和」ですので、その欺瞞性は明らかです。子安氏は、このような状態を「パクス・アメリカーナ」と呼んでいます（パクスは平和の意）。「パクス・アメリカーナ」では、アジアの国々の人々は、日本の〝平和政策〟など誰も信用することはできなくなります。そこでこれから重要なことは日本独自の平和政策の構築であり、アジアの民衆たちの力で真の「アジアの平和」を作り上げていくことだと思います。私は、それは困難なことであるかもしれませんが、アジア人としての親密性と相互交流の促進がそれを可能にしていくと思います。オリンピックをその方向に変えていくことも決して不可能ではなく、努力する価値があると思っています〈注：中国の元立法評議員の馬立誠氏も子安氏と同じような考え方を本に書いています。『憎しみに未来はない』岩波書店　二〇一四年〉。ただし、平和なアジア構築のためには、「オリンピックイデオロギー」についての批判と反省が重要だと私は思っています。

（２）経済的背景

いま日本の経済は、危機的な状況にあるといっても過言ではないでしょう。デフレ状況のなかで、生産してものが売れず、雇用も最悪の状況にあります。そのために安倍内閣は、「アベノミクス」という景気浮揚策をとっていますが、国債という名の借金が増えるだけで、物価は上がり、庶民の暮らしはかえって苦しくなってきています、人々が求めているのは安定した暮らしであって、一時的なオリンピック経済でそれが実現するとは誰も思っていないでしょう。そこで問題は、オリンピックの招致、開催によって、庶民の暮らしがどうなるのかということです。

しかし、オリンピックと経済については、十分な情報が示されていません。そこでここでは、とりあえず東京オリンピック開催に伴う経済的効果に関連して、現在わかっている数字を挙げておきますと、次のとおりです。

・オリンピックの経済効果＝三兆円及び十五万人以上の雇用の増加
・経済効果の中身＝都市再開発、道路網の整備、災害に強い都市造り
・スポーツ施設の整備＝メインスタジアムの建て直し　千三百億円
・施設整備費総額＝三千八百三十一億円

これらの施設等の建設整備に当たっては、すでに大手のゼネコンやスポーツ観光産業の

熾烈な戦いが始まっているといわれています。これらの産業にとっては、災害復興や防災計画などはどうでもよいことで、要は東京にオリンピックが来ることなのです。

しかし、たとえば巨大スポーツ施設の建設が本当に景気浮揚になるのでしょうか。どう考えてもそれは一過性のものに過ぎないように思われます。巨大施設の建設に伴う弊害もすでに問題になってきています。それは立ち退き問題です。多くのお年寄りたちを力で困らせるようなことは、絶対にしてほしくないのです。また住宅地の真ん中で工事をするのですから、周囲の環境問題も当然起こってきます。

それ以上に、問題は大会後の施設の維持管理をどうするのかということです。毎年莫大な国費を投じなければならなくなってきます。以前の国立競技場の場合でも、「施設が満杯になるのは、ある宗教団体の運動会のときだけ！」といわれていました。そして、少しでも維持管理費を稼ぐために、しばらくの間、観覧席を使って、ゴルフの打ちっぱなし練習場にしていました。莫大な国費を投じた後がこれでは国民が納得しないでしょう。

上記のようなゼネコン同士の戦いが中心となっているオリンピック開催によって、本当に東京はよくなるのでしょうか。その点で、一九六四年の東京オリンピック開催のときに都知事であった美濃部氏の述懐の言葉が思い出されます。彼は東京オリンピックを振返って「東京という街が汚くなった（無秩序になったの意）」と嘆いていました。そして、「都市政策の遅れはゴミ問題の深刻化や空気の悪化等、公害の町に化したことにつながった」

と述べています。今度も、もし東京で開催された場合は、前と同じことが繰り返されるのではないかと思っています。新しい道路の建設も計画されていますが、道路がよくなれば車がふえ、交通混雑がかえって増すだけ、というような状態にならないことを願っています。

そこで問題は、前にも指摘したように、オリンピックの開催が本当に都民の人権や環境権を守ることができるのかということにかかってきます。都民の人権や環境権を守るという名のもとに実際は生活破壊が生じるようなことは決して許されません。

（3）「文化」的背景

①オリンピックイデオロギーについて

「東京オリンピック」の招致問題を考えるとき、どうしても人々がもっているスポーツ「意識」あるいは「文化」的な特性という要因を見落とすことはできません。多くの人々は、スポーツはよいものであり、人間にとって本質的なものであると思っています。そして「より速く、より高く、より強く」は人間にとって本質的なものであり、スポーツにおいていちばん大事なことは勝つことであると思っています（思い込まされている？）。このような意識が、いまのオリンピックを支えているといえましょう。ついては、次に人々がこのような意識やスポーツ文化をもつようになった背景や要因を探ってみることにしましょう。

スポーツ意識の形成において、学校体育の果たしてきた役割が大きかったといえましょう。しかし現在は、マスコミやスポーツ産業が果たす役割が格段に大きくなってきているように思われます。子どもたちは学校に入る前から、クラブ加入やＴＶ観戦によって「スポーツ」とは何かということを知っています。そこで、ここではスポーツ産業の役割等についてまず考えてみることにしましょう。

なお学校体育の問題点等については、かなり長くなりますので、次の論文で考えてみることにします。ここでは学校体育問題についての考察は、最低限にとどめておきます。

「オリンピック憲章」では、オリンピックの倫理として、「目的」的なものと「運動」的なものとが分けて記されています。しかしここでは、後者の運動的な記述の方がより具体的ですので、そのなかのいくつかを挙げておくことにします（順不同）。（オリンピックムーブメントとして挙げられている項目は全部で十六項目）

○スポーツにおける倫理の振興を通してフェアプレイの精神の振興と暴力の排除に貢献する。
○スポーツを通して若者を教育し、平和でよりよい社会の建設に貢献する。
○オリンピック運動に影響を及ぼすいかなる形の差別にも反対する。
○男女平等の原則の観点から、スポーツにおける女性の地位向上を奨励、支援する。
○スポーツにおけるドーピングにたいする闘いを主導する。

○スポーツや選手を政治的あるいは商業的に悪用することに反対する。
○環境問題に関心を持ち、啓発、実践を通してその責任を果たし、特にオリンピック競技会開催において、持続可能な開発を促進する。
○オリンピック競技会のよい遺産を、開催国と開催都市に残すようにする。

オリンピックに関するこれらの哲学は、日本人なら多くの人が知っています。それは学校で教えられるとともに、マスコミでも繰り返し取り上げられているからです。しかし、その真意まで理解している人はほとんどいないのではないかと思います。誰も深く考えてみようとしないからです。けれどもオリンピックの現状を少し考えてみると、この倫理に反するようなことが広く行われていることがわかります。深くは述べませんが、オリンピックは国家主義に利用され、また金儲けの手段になっています。そして環境の破壊に手を貸し、世界平和ではなく国家間の格差の拡大や民族間の対立を、むしろ助長しているといえましょう。しかしオリンピック憲章では、麗々しくも「政治的あるいは商業的に悪用してはならない」等々と述べられています。ではいったい、この憲章はどんな役割を果たしているというのでしょうか。

ここで、私たちは「オリンピック倫理のイデオロギー性」という側面を考えてみる必要がでてきます。それは「オリンピック憲章」は、達成すべき目標というより、問題の多い現在のオリンピックを内面から支えるという役割を果たしているのではないかということです。私は、まさにその通りであると思っています。「オリンピック憲章」は、オリンピックの倫理というよりもオリンピックの現状を支える「イデオロギー」なのです。

また、オリンピック憲章は、オリンピックという具体的な「文化活動」を通して、もう一つのイデオロギー的役割を果たしていることに注目しなければなりません。それは、現在のオリンピック体制を生み出している基礎的な権力構造を支えるという役割です。ここでは、その指摘だけにとどめておくことにします。

②スポーツの産業化について

資本主義の発達で、従来自力でやっていた仕事にかわり、それらを専門に行う産業が繁栄するようになってきました。スポーツ産業もその一つです。

「スポーツの産業化」というのは、従来遊び等において自力で解決してきた状況に代わって、それを専門に行う他の何かに依存するようになることを意味しています。たとえば私たちが子どもの頃は、野球をする場合でも、ボールを自分たちで作ることから始めなければなりませんでした。ルールやコート作りもそうでした。一事が万事そのような状況でした。しかし、いまは「野球クラブ」や「教室」に入れば、場所やチームや指導者等がすべて用意されていて、各人はここに行くだけで野球ができるようになっています。このような状況を具体化させているのが「スポーツ産業」ですが、同時にそれは「スポーツ」の価値観や目的等も参加者に植え付けていくことになります。そしてスポーツ産業のなかでは、マスメディアの果たす役割は非常に大きくなってきています。極端にいうと、人々は「スイッチをひねるだけ」で、「スポーツ」を「楽しむ」ことができるようになりました。同時に、オリンピックにおける努力の信奉や勝利至上主義、ナショナリズム等も、マスコミを通して学ぶ、あるいは学ばされるところが大きくなってきています。

しかし反面、スポーツ産業が果たしている問題点も数多くあります。それらを列挙すると次のような点を指摘することができると思います。

○不能化＝サービスへの依存が大きくなると自分ひとりではできなくなる。あるいは人間が協働的に問題を解決するようなことができなくなる。人間の真の喜び―依存ではなくて自律―を忘れる。

○産業化によって貧富の差がむしろ拡大再生産される。たとえば教育がよい例。低開発国において「学校化」はむしろ貧富の差を拡大再生産させる。

○スポーツ産業は、勝利至上主義を植え付ける。

○文化産業への依存は、かえって文化の貧困化を招く。

以上いろいろ挙げてきましたが、まとめていうと次の三つの「文化の貧困化」に集約できるのではないかと思っています。

第1　人間の不能化
第2　スポーツ産業体制の強化
第3　いまの産業化体制を作り出している社会体制の強化

なお、マスコミ等はいうでしょう。「何はともあれ、それは大衆が欲しているからである」と。そこで問題になってくるのは、何故人々がそんなにスポーツを見たがるのかということです。それについては、次の章で述べることにしますが、いずれにせよ現代人の「生き甲斐の喪失」とか「生活の空虚さ」ということが問題になってきます。

第三節　現代オリンピックの問題点とその解決に向けて

(1)　現代管理社会とオリンピック

二〇一一年、ジャン＝ピエール・デュピュイという人が来日され、「悪意なき殺人者と憎悪なき被害者の住む楽園」という題で講演をされました。これは、かなり前にギュンター・アンダースという人が「橋の上の男」という題の本の中で使っていた言葉です。私は、この言葉は、現代管理社会の状況を誠に的確に言い表しているのではないかと思っています（注2）。

「為政者は国民のためにならないよう政治をしながら、国民は喜んでその政治についていく」という現在のような政治状況を示しています。それよりも悪いことには、国民がそのような政治を歓迎し、むしろ求めているという状況です。したがって管理社会というより、自らが管理を求めるという意味において、「管理化社会」といった方が適切かもしれません。その上もっと悪いことには、人々はその結果がどうなるのかわからないような状況におかれています。それは、政治家も国民も、日本社会が今後どのような方向に進むのか、進んだらよいのかという全体像を欠いているからです。日本がこれからどっちの方向に進むのかわからないのに、現状に浮かれているのです。気がついたらファシズムの世の中になっていたということはあり得ることです。

私は、東京オリンピックの招致、開催も全くこれと同じ状況にあるのではないかと思っています。国民の多くは、オリンピックの開催を望み、期待しています。そして為政者もそれに応えようとしています。それによって、日本管理社会はいっそう強固なものになっていきます。しかし何のために開催するのか、そして日本をどのような方向に導こうとしているのか、その全体像は誰もわからないのです。それが管理社会の怖さです。オリンピックは日本管理社会の典型を示しているといえましょう。

現在人々は、いろいろな不安の状態におかれています。その不安は「見える不安」と「見えない不安」に分けて考えることができるでしょう。前者は原因と結果（解決策）がある程度わかっているような不安です。たとえば憲法の改悪とか、アベノミックスの将来、原発不安等々がそれです。それに対して見えない不安とは、原因も結果もわからないような不安です。ある憲法学者は、このような不安を「ばくたる不安」と呼んでいました。「管理化社会」の底流にうごめいているのは、この「ばくたる不安」であるといってもよいのではないでしょうか。

私は、人々のこの「ばくたる不安」が、東京オリンピックの開催を望む大きな要因になっていると考えています。オリンピックはひと時にせよ不安を忘れさせます。その上、オリンピックはそれなりの大義名分をもっていますので、誰はばかることなく心から応援することができます。「ばくたる不安」を忘れさせるという点ではスポーツメディアも同じです。最近のスポーツメディアの隆盛は異常とさえいえるような状態にあるといえましょう。

しかし反面オリンピックやスポーツは、もし本気でやろうとするならば、今の社会を変えていく可能性がないわけではありません。そのためにはスポーツから変えていく必要があります。その課題については次節で述べることにします。

(2) 問題の解決に向けて

これまで述べてきたような現代オリンピックの数々の問題を、今後どのように解決して(廃止も含めて)いくかを考えることは、現在私たちに課せられている重要な課題であるといえましょう。しかしその課題の解決には、研究者の批判的研究や思考だけでは不十分で、この批判や思考を市民全体の力に繋げていくことが必要です。その意味で問題の解決には、最近世界各地で広がってきている、スポーツを批判する市民運動との連帯ということが不可欠といえましょう。特に現代オリンピックの問題を、それを支えている政治的条件等から根本的に変えようとするならば、既存の市民運動との連携だけでなく、研究者自身がもっとそのための市民運動を組織していく必要があります。このことは、体育、スポーツ研究者の社会的責任として忘却することのできないことと考えています。私もこれまで数々の市民運動に参加してきました。また自分たちが組織した運動も数々あります。これらの運動への参加は、私の研究活動に大きな影響を与えたことは確かです。

ところで、現代のオリンピック問題の解決策を考えようとする場合、重要なことは、現在の社会体制との関係をどのように考えるのかという課題です。オリンピックをめぐる諸問題は、これまでも指摘してきたように、現代の政治・経済等の体制と密接に関係しています。そうした観点を含めてこれまでの研究成果のいくつかを概観してみたいと思います。しかし、これまでオリンピック問題について書かれた論文は多数あり、そのすべてについて精査することは非常に難しいことです。そこで、ここでは私が読んだ論文のなかで参考になると思われるものをいくつか紹介することにします。

（3） 三つの立場とその内容

（A）スペインのB・マーチンという人は、一九九六年に「すべてのオリンピックに反対する十の理由」という論文を書いています。彼は、そのなかで、どこの国で開催されるオリンピックにせよ、次のような問題があるとして反対しています。

①国家主義
②商業主義
③競争主義
④男性支配
⑤人種差別
⑥暴力主義
⑦名声主義
⑧産業技術主義
⑨見せ物主義
⑩管理主義（自由の抑圧）

彼は、このような諸問題に対する解決策についても述べています。しかし、その内容については単純なもので、必ずしも十分なものとはいえません。しかし、右記のような問題点の精査については参考になると思います（注3）。

（B）D・A・ローズという人は、かなり前になりますが、『転換期のオリンピック』という本の中で「オリンピックは廃止すべきか？」という面白い論文を発表しています。この論文の表題は、いわば反語的に使っているのですが、現代社会の問題解決という観点から論じています。オリンピックの問題を〝大社会〟の関係において論じている論文は現在でも多くはありません。その点でもこの論文は貴重なものといえましょう。彼は、次のような順番（章だて）で論じていますが、結論は最終章に記されています。

①オリンピックはあまりにも大きくなり過ぎたので廃止されるべきか？
②オリンピックはあまりにも専門主義的になりすぎたので廃止されるべきか？
③オリンピックはあまりにも商業主義的になりすぎたので廃止されるべきか？
④オリンピックはあまりにも政治的になり過ぎたので廃止されるべきか？

彼のこれらの疑問に対する回答は、簡単にいえば、①から③までは〝大社会〟の問題解決にも貢献しているので否定できる。しかし④は、「やれることをやっていないだけでなく、そのことに気づいていていない」ので肯定できないというものでした。

そして、結論として彼は次のように述べています。「オリンピックを廃止せよ、それはオリンピックがあまりにも政治的だからではなく、人間の尊厳と地球の存続のための真剣な努力に対して欺瞞的な尊敬しか払わないからである」（注４）。

（C）オリンピックの具体的な改善策を提言している人に、J・J・コークリーという人がいます。

彼はオリンピックを通しての社会変革ということを念頭において、次のような十の改革案を提示しています（J. J. Coakly SPORT in SOCIETY: Issues and Controversies, Nineth Ed. 2007, pp460～463）。

①国ごとのユニホームを廃止する
②開会式の入場を国ごとではなく、競技種目ごとにする
③勝者を讃えるセレモニーのとき、国旗の掲揚や国歌の斉唱をやめる
④国ごとのメダルの計算をやめる
⑤集団競技では、チームの編成の仕方を変え、国ごとではなく他の国あるいは他の国々との合同チームとする
⑥開催地あるいは開催国固有のゲームやスポーツをデモンストレーションゲームとして行う
⑦経費等の節約のため会場を分散させる
⑧マスメディアには必ずグローバルな社会的責任を果たすような報道をさせる
⑨マスメディアには平和運動等に貢献している国際的市民グループに自分たちの活動を紹介できるような機会を、サービスとして必ず用意する
⑩オリンピックとパラリンピックの融合をもっと図るように工夫する

第四節　これからのオリンピック反対運動について

以上、これまで指摘されてきた代表的なオリンピック改革案について述べてきました。次に、これらの緒論を参考に、これからのオリンピック批判、反対運動の進め方について私なりに考え方を述べて、この論文を終わることにしたいと思います。なお批判、反対運動は、これまでも指摘してきたように、オリンピック体制の内側からの運動と外部からの運動に大別することができます。ここでは、一般市民の立場に立ってオリンピック問題を考えようとする限り、当然、後者の外部的アプローチが中心になってきます。

（1）　市民運動の活性化

現代の社会的問題との関係においてオリンピック問題を考えていこうとする場合、それに関連した市民運動を活性化させていくことが重要になります。すでにある団体では、二〇一三年六月に「天皇制とスポーツ」というようなテーマで市民集会を開くことになっています。

オリンピック批判と特に関連が深いと考えられる社会的課題としては、次のようなテーマを掲げることができましょう。現在のオリンピックは、これらの課題を解決するのではなくむしろ強化する方向に稼働しているのではないかということは、前にも指摘したところです。そしてこれらのテーマは、日本の未来をどのように描くかということと深く関係していますので、日本の将来像の考察を見落としてはならないと思います。

世界平和とオリンピック
日本の右傾化とオリンピック
日本の戦争責任とオリンピック
新自由主義とオリンピック
教育、体育の国家主義とオリンピック
マスメディアとオリンピック
環境問題とオリンピック
貧困とオリンピック
産業化とオリンピック
憲法改悪とオリンピック

なお、私も関係している「東海民衆センター」という市民運動団体は、二〇一三年の「新春の集いの案内状」として、次のような文書を出しています。私もこれを日本の未来像を考えるときの糧としていますので、少し長いですが参考までに掲げておきます。

今日本では、領土、領有権争いも絡み、国民をいたずらに排外主義に駆り立て、右傾化を進めています。(そして総選挙の結果)平和憲法を変え、国防軍の創設などを叫び、排外主義と侵略国家への道を急速に進めています。日本が過去に犯した歴史の過ちを再び許してしまうのか、それとも理性的で平和的な憲法のもとに共存共栄のアジア共同体への途へ進むのかが問われています。私たちは、地球や自然を愛し、差別を許さない、命を大切にする、弱い立場の人でも平等に生きられる社会を目指し皆さんと協同して草の根から社会構造の変革に奮闘します(注5)。

(2) 反オリンピック運動の世界的連携

オリンピックは、グローバルな行事になっています。そして各国では、特に開催都市を中心に、それぞれ独自に反対運動が行われてきました。しかし、それらの運動の共同ということは、ほとんど行われてきませんでした。そのことは、アジアに限ってみた場合でも同じです。私がこれまで関係した限りにおいても、カナダのバンクーバーで行われた冬季オリンピックのときにカナダの人たちが来日され、共同的な運動を約束した程度でした。しかし私にとっては、オリンピックによるカナダの自然破壊の実情等を知ることができました。そしてそのスキー場建設に日本の企業が大きな役割を果たしていることを知って驚きました(注6)。

このようにオリンピックが、さまざまな分野を飲み込んでグローバル化してきている今日、私たち世界市民として必要なことは、私たちの運動も世界的に連携していくことです。たとえばＩＯＣに抗議文や質問状を出す場合でも、各国がバラバラに出すよりも、オリンピック反対世界市民連合のような形で出す方が、ずっと効果的だと思います。世界的連帯の運動として参考になる事例があります。それをここで少し紹介しておきましょう。

それは、二〇〇〇年にバングラディシュで開かれた「民衆による国際健康会議」（八十八か国参加）です。この会議の模様は、「会議の概要報告書」（日本語）としてパンフレットになっています。そして、このときに「民衆健康憲章」という文書が満場一致で採択されました。この憲章のなかには次のような文章が載っています。これらの記述を見ただけでもこの憲章の性格がわかると思います（注7）。

○「不平等、貧困、搾取、暴力そして不公正が不健康の根源であり、貧しくさせられ、社会の底辺に押しやられた人々の死の根本原因である」

○「病気と死は私たちを怒らせている。それは、人々が病気にかかるからではなく、また死ぬ人がいるからでもない。私たちが強いられている経済的、社会的問題の中に病気と死の根本原因があるからなのだ」（憲章に載っている中央アメリカの民衆の声）

私は近い将来これに倣い、「オリンピックを考える世界民衆会議」のような集会が開かれることを願っています。そして、「オリンピックはやめよう！　民衆宣言」でも採択されるならば面白いと思います。世界集会の開催の前にアジアを中心とした集会の開催も意義があると思っています。このような集会開催の大目標は、いうまでもなく世界の平和であり、みんなが助け合うような世界の建設です。その点で、集会のプログラムとして、さまざまな〝実技〟の機会が設けられると面白いと思います。

私たちは、トロプス（TROPS）運動という遊びを紹介、実践していますが、トロプスというのは、SPORT（スポーツ）という英語の綴りをうしろから読んで造った新語です。トロプス運動というのは、この言葉が示すように、競争ではなく協働の運動であり、みんなで創って遊ぶという意味において協働の遊びです。元来民衆芸能とか踊りとかいうのは、そういう性格をもっていました。その点で、集会の〝実技〟は「民衆運動」（反権力運動）の復権の場ともなります（注8）。

（3）　その他の運動

そのほか、反オリンピック市民運動としてやることはたくさんあると思います。ここではそれらのうち、体育の暴力性批判とJOCの権力性批判、マスメディア批判の三つを簡単に記しておきたいと思います。

○体育の〝暴力性〟批判

最近、体育指導者やスポーツ指導者等による暴力が大きな社会問題として取り上げられています。しかし「体育」をめぐる問題は、その他にもたくさんあり、いずれ別の論文で私の考えを述べたいと思っています。体育の〝暴力性〟は、教育の権力的国家管理の現れでもあり、教育の国家主義化との関係において分析していく必要があります。その意味で、体育の暴力性については、「見える暴力」と「見えない暴力」および「国家権力」の三者の関係において考えていかなければならないと思っています。

ここでオリンピック問題は、主として後者の「見えない暴力」に関係し、オリンピックをスポーツ文化の最高善として教えてしまうことを意味しています。「スポーツ」教育は、国家の定めた「学習指導要領」によって規定されるとともに、「スポーツ基本法」（二〇一〇年制定）にも影響されます。後者では、「スポーツは基本的人権」と謳いながら、そのスポーツは競争的スポーツを意味し、「自由なスポーツ」や「スポーツの自由」などの考えは為政者の眼中にはないという構造を示しています。学校体育のオリンピック至上主義は、このような土壌のなかで繁栄してきたのです。その点で体育問題は子どもの人権を守るという意味においても、もっと市民的討議の場が必要だと思います。市民に開かれ、その討議にふすという態度は、体育学会にも必要なことです。オリンピック支援大学が指定されるような情勢のなかでは、研究機関としての大学もその大事な研究の自由がゆがめられてきているのではないでしょうか。

○ＪＯＣの〝貴族主義〟批判

いまのＪＯＣの果たしている役割をどのように表現したらよいのかわかりませんが、何しろ誘致や開催の目的等、大事なことは私たちには何も知らされていないのです。財政状況もそうです。そして誘致費用が何にどのように使われるのか、詳細は明らかにされていません。私たちが求めているのは、前にも記したようにきちんとした情報の公開であり、市民との対話です。しかしＪＯＣ等関係者は、自分だけが選ばれた人間であるかのように思い上がっているのでしょう。その思い上がりが、オリンピックの変革を遅らせているのです。オリンピックが悪い方向に進んでいるとは夢にも思わないのでしょう。彼らにとって必要なことは、自分たちが何をやっているかではなく、何をやっていないかということについての反省です。

○マスコミ批判の必要

オリンピックは、新聞やテレビにとってはいわば〝メシのタネ〟になっています。オリンピックについての根本的な批判的報道にはあまりお目にかかれません。オリンピックはいわば「国家的事業」（権力的事業）ですので、市民的立場からの批判的報道がもっともっとあってもよいはずです。

私は、オリンピックや体育のすべてが悪いといっているわけではありません。疑問に思うのは、いまの「オリンピック」や「体育」のやり方は本当に正義にかなっているのかということです。正義の実現のためにはもっと別の方法もあるのではないかということです。その点でマスメディアはあまりにも現状にとらわれすぎているように思われます。マスメディアは、何をどう報道するかではなく、何を報道していないかということについて、もっと反省する必要があるのではないでしょうか。

（注1）子安宣邦「ナショナリズムと対決し隣国との信頼を高めよ」『週刊金曜日』九二六号　二〇一三
（注2）J.P.Dupuy 講演、東大「共生のための国際哲学教育センター」訳　二〇一〇
（注3）Brian Martin 'Ten Reason to oppose all Olympic Games' Freedom Vol.57,No15,1996
（注4）J.O.Segrave and D.Chu(eds) The Olympic Games in Transition,1988
ローズ氏の所論―氏の考え方を説明すると次のようになるだろう。
「私がオリンピックをやめよというのは、それが現代社会の維持存続のために働いているという意味での『政治性』のためではなく、現代社会のもっている諸問題を根本的に変えようとする本当の意味での〝社会性〟をもたないという『政治的役割』を果たしているからである」と。
（注5）この「案内状」には、次のような視点が要領よく述べられている。
○日本の右傾化という現状認識
○私たちの進むべき二つの途―そのどちらをとるのか
○共存の世界建設のため草の根からの社会構造の変革を目指す
（注6）H.J.Lensky Olympic industry Resistance,State.Univ.of N.Y.Press 2008（こんな本もありますのでご

参考まで）

（注7）「健康憲章」には次のような内容が要領よく示されている。

Ⅰ前文　Ⅱ未来像　Ⅲ健康の危機　Ⅳ民衆健康憲章の諸原則

Ⅴ行動計画

(1) 人間の権利としての健康

(2) より広範な健康決定要因と取り組むことについて

ア　経済的挑戦　イ　社会的政治的挑戦　ウ　環境的挑戦　エ　戦争と暴力と対立への挑戦

(3) 民衆中心の健康対策

(4) 健康的な世界のための民衆の参加

（注8）影山健、岡崎勝編著『みんなでトロプス—敗者のないゲーム入門』風媒社　一九八四

（二〇一三年五月十五日）

第二章　日本の社会とオリンピック

はじめに

たいへんむずかしい課題について書けという注文である。自分で十分納得できるものが書けるかどうか、あまり自信はない。けれども、何はともあれ、書き始めてみることにしよう。

オリンピックは高度化、専門化するとともに大規模化し、世界における最大のイベントとなっていることは否定できない。それには、TVの普及、発達が大きな役割を果たしていることはいうまでもない。オリンピックを見る人は、いまや二十億人ともいわれている。また、大会の実施やTVの放映を中心に使用されるお金は膨大な額にのぼり、いまはその経済のためにオリンピックをやめるわけにはいかないという皮肉な状況さえ生まれてきている。ロス「商業五輪」は、その幕開けである。さらに、オリンピックへの参加、不参加は国際政治の舞台の上で重要なかけ引き材料となっていることは、今度の一連の事件（ロスの前のモスクワで西側がボイコットし、その報復で、東側がロスをボイコットした）でも繰り返されたところである。

換言すれば、オリンピックは誰が何といおうともたいへん政治的な行事であり、経済的なできごとになっているということである。それに伴って、いや応なしに市民生活にも大きな影響を及ぼすようになってきている。そこで、問題は、それをわれわれがどのように理解し、判断するかということになってくる。ここでは、スポーツ、体育の領域に焦点をあて、そのことを考えていこうと思っている。

オリンピック関係者は、オリンピックは政治的に中立であり、政治によって左右されてはならないと説く。しかし、それを信じる人は、ほとんどいないだろう。オリンピックを開くことやオリンピックに参加すること自体、たいへん政治的なことなのである。ある人は、その点について次のように述べている。すなわち、「実は、スポーツはすべて政治的であり、オリンピックはとりわけ政治的なのである」と(注1)。私も、「スポーツ」それ自体がきわめて政治的な事柄であることについては、別の論文でも述べたところである(注2)。

オリンピックには、このような〟ごまかし〟がたくさんある(注3)。したがって、オリンピックを素直に肯定できない人が出てくるわけである。しかし、それは単に〟ごまかし〟があるということだけではない。オリンピックが人々の生活にマイナスに働いてくる面が大きくなってきていると考えられるからである。このことは、一九八八年のオリンピックの名古屋招致問題が起こったとき、市民の間から広範な反対運動が起こったことからもわかる。そこで、ここでは、その〝犯罪性〟について、スポーツ・体育の領域で考えてみようというわけである。

オリンピックに参加しないことが〝政治的〟なら、オリンピックに参加することは、ある意味でそれ以上に政治的なことなのである。今度のロスオリンピックについて考えてみても、これが「核」戦略、「核」軍拡を進めるレーガン政権の政治的テコ入れに貢献するだろうことは誰の目から見ても明らかなのである。とりわけ今年は、ヨーロッパやアメリカ、日本などにおいて、「核」軍拡に対する反対運動が市民の間で広範に広がってきている。このような状況のなかで、ロス五輪に参加すること自体、どのような意味をもっているのか、選手や関係者の口からぜひ聞きたいものだ。「平和とか」「国際親善」とかいうのであれば、たとえば巡航ミサイル「トマホーク」のヨーロッパや太平洋配備が中止されるまで、あるいはソビエトのＳＳ20の配備が中止されるまで、オリンピックには参加しないという方が、ずっと平和を希求する道に近いと思うがどうだろうか。オリンピックは「平和」とか「国際親善」とかいうが、いかに詭弁であるかはこれをみてもわかる。このような〝ごまかし〟で、これまでオリンピックはナチに協力し軍拡競争に〝貢献〟してきたのである。

第一節　市民スポーツへの影響

オリンピックは、人々のスポーツ生活に極めて大きな影響を与えてきたことは明らかである。われわれも東京オリンピックについて調査したとき、オリンピックは「スポーツ」の「理解」に大きな影響があったことを明らかにした。もう少し詳しくいうと、オリンピックは「スポーツ」を見る習慣をつけたかもしれないが、スポーツを実践する習慣を作り出すには至らなかったということである。また、「理解」も、いまの「スポーツ」がどんな規則ややり方でやるかといった程度の「理解」であって、スポーツとは何かということについての深い理解ではなかったということである。

また、オリンピックが開催されるたびごとに感じられることは、新しいスポーツ製品の巷へのハンランである。オリンピックは、スポーツ道具の開発競争であると同時に、その絶好の宣伝の場でもある。とりわけ多国籍企業にとっては、オリンピックは宣伝媒体としてなくてはならないものになってきている。人々のスポーツ生活へのオリンピックの影響を一言でいうとするならば、「スポーツの管理化の進行」となろう。このことは、民衆の「すぽーつ」がますます衰退していくことを意味すると同時に、「スポーツ」が人々の管理の手段として広く利用されるようになってきたことをも意味している。

オリンピックは、スポーツを画一化するとともに、そのような「スポーツ」を〟聖域化〟していくことに機能してきた。オリンピックで実際上大切なことは、「参加することではなく勝つこと!」なのである。勝たなくては「国威発揚」にもつながらない。そのために、スポーツは否応なしにゆがめられ、変質していくことになる。オリンピックは「リトルリーギズム」の大人版、世界版といってよいのである。

元来、近代スポーツと呼ばれるような「スポーツ」は産業社会の〟落とし子〟であり、産業社会の論理を〟象徴的かつ集中的〟に示しているものなのである。というのは、より自由で奔放な、そして反秩序的性格をもっていた民衆の娯楽が、社会的により安全な形に衣替えしてつくられてきたのが「スポーツ」だからである。そのために「スポーツ」は産業社会の論理をうまく取り入れ、〟安全さ〟の証拠としてきたのである。それが勝利や記録の重視であり、競争や敢闘精神の強調であり、フェアプレーや集団への忠誠であった。したがって「スポーツ」は弱者の排除や差別、人間疎外、環境破壊といった現代社会の問題性をそのまま現出させてくることになるのである。オリンピックは、このようなきわめて〟政治的〟につくられてきた「スポーツ」の一つの完成形なのである。

また、オリンピックは、このような「スポーツ」を絶対化し、普遍化していくのに重大な役割を担ってきた。オリンピックは宗教的な古代オリンピックをモデルとすることを通して〟聖なる行事〟として企画され、実施されてきた。そして、「スポーツ」は、その〟聖なる行事〟の主役として登場してきたのである。したがって「スポーツ」を批難することは、人間や社会そのものを批難することのようにさえ考えられ、タブー視されてきたのである。

しかし「スポーツ」は、運動文化のなかの一つ、すなわち〈one of them〉に過ぎない。歴史的にみても運動的な楽しみ方にはさまざまなものがあったことは確かである。けれども、オリンピックは、「スポーツ」を強調し、聖域化することをとおして、それ以外の運動的喜びを無価値化してきたのである。学校体育が、それに一役担ってきたことはいうまでもない。実際、川や海で遊びたくても、できないような状況がつくられてきている。「スポーツ」に対してもつ民衆的違和感は、このような点に起因しているといってもよいのである。

幻に終わった「名古屋オリンピック」のときも自然公園を〝整備（＝破壊）〟して、メインスタジアムを作ることが計画された。このことは、以前から野原や川や林で楽しんできた人々の喜びを奪うというばかりでなく、「スポーツ化」することによって特定のイデオロギーの注入を図り、自律的能力を不能化させるという、きわめて〝犯罪的〟なできごとであったのである。ここにジョージ・オーウェルの描いたような管理社会の姿があった。「すなわち人々に〈スポーツ〉を与え続けていくことによって、民衆の自律的な『すぽーつ』を奪い続けていく」という構造である。

オリンピックは、このようなスポーツ状況をいっそう強化していくことは明らかである。

しかし、オリンピックは、それだけではなく、喜びの管理化や産業社会的イデオロギーの注入をとおして、民衆のエネルギーを弱め、現代の管理社会そのものを内面的に支えていくということに結果してくることも忘れてはならないだろう。よくいわれるように、人間にとっての喜びは、誰にも売り渡すことのできない最後の内面の領域のはずだったのである。そして、オリンピックによるナショナリズムの高揚や天皇制イデオロギー強調も、結局は管理社会といわれるこのファシズム体制に人々を押し込んでいくことにつながっているのである。

第二節　体育への影響

（1）体育の状況

いま愛知では、体育は管理主義教育の先兵的役割を担わされている、といってもよいだろう（注4）。ここで管理主義教育とは一般に子どもたちの人権を無視して行われる〈教育〉のことであって、子どもと先生に対する〝暴力的〟管理を特徴としているオリンピックは、そうした体育の〝暴力性〟にいっそうのはずみをつけることは明らかだろう。

愛知の体育の状況については、他でも記したことがある（注5）。ここでも二、三の事例をあげると次のとおりである。ある学生は、レポートで、高校時代の思い出を次のように示してくれた。それは、集団行動の訓練についてであった。高校に入るとすぐ体育の時間や、オリエンテーション合宿で、猛烈な集団行動訓練が行われたが、当然のことながら、彼にとってはいったいそれがどのような効用をもっているのかまったく理解できなかった。しかし修学旅行のときになって、やっとそれがわかったという。なぜかというと短い修学旅行の間に、何と七十六回の点呼（恐怖に満ちた軍隊式点呼）が行われたからである。

あるお母さんが、自分の娘のことについて話してくれたことがある。その娘は、中学に入学して二、三日したらすぐオリエンテーション合宿に連れていかれた。そして疲れた顔をして帰宅してきたので、「楽しかった？」と尋ねたところ、真っ先に返ってきたのは、「こわかった！」という言葉であったという。この合宿訓練で中心をなすのはいわゆる集団行動訓練で、体育の教師が主役を演じている。そして、しおりには、「耐えることによって得られる充実感、満足感を体得し、中学生として独り立ちしようという心構えを身につける」と記されていた。

「耐える教育」のために活用されるものに「部活」がある。一般に愛知では、「部活」への加入は半ば強制的で（ただし名古屋市を除く）、激しい訓練で有名である。「朝練」が毎日あり、放課後の練習はもちろん、日曜日や休日も練習のためにつぶされることが多い。岡崎市のある中学校では、正月元旦に「部活」が行われていた。しかしよく調べてみたところ、この学校では、冬休みに入ってずっと練習が行われており、元旦の練習もその一環に過ぎなかったのである。このような学校が、他にも数校あった。

このほか、体育教師の文字どおりの暴力沙汰は、日常茶飯事的に行われているようである。そのことは、私たちのやっている「教育かけこみ電話」にかかってくる内容からも推測できる。また、私が現在調査中の「体育教師による暴力事例」でも、数多くの事例が寄せられている。これまで述べてきたわずかな事柄からでも、愛知ではどのような体育が行われているのか推察できるように思われる。これらの事例はたしかに特定の学校におけるできごとかもしれないが、このようなことが許される状況は存在しているのである。

けれども、私はこのような状況は愛知だけに限られているとは思わない。体育のもつ〝暴力性〟は大なり小なりすべての県、学校において見られるものである。次にそのことについて少し考えてみることにしよう。

(2) オリンピックと学校体育

東京オリンピック以降、体育においてとりわけ強調されるようになった事柄がいくつかある。それは「根性の育成」であり「体力づくり」であり「集団行動訓練」であった。これらは、軍国主義的体育への復帰以外の何ものでもない。これらと並んで強調されてきたのは、スポーツ技術である。そしてスポーツの技術を伸ばすことは全く善なることであると何の疑いをもつことなく、信じられるようになってきた。個々では、「運動文化」という言葉が都合よく用いられ、「運動文化」イコール「スポーツ」と考えられた。

学校教育がそうであるように、体育は元来、国家目的を達成するためにつくられてきた制度である。明治以来、体育が一貫して奉仕してきた目的は、「富国強兵」ということであった。戦後になって、軍事的目的ということは形の上では体育の目的から姿を消していったが、それに代わって登場してきたのが、実用的目的であった。しかし、「体力づくり」にせよ、体育の必要性や重要性を十分納得させ得るものではなかった。その上、戦後はしばらくの間、戦争中に果たしてきた体育の役割に関しての一種の〝後ろめたさ〟が働いていた。それらが体育の〝弱さ〟として示され、暴力性はカゲをひそめていた。

けれども、オリンピックは、このような体育の状況に対して恰好の〝跳躍台〟を提供してくれることになった。「根性だ！」「体力だ！」「選手養成だ！」といっていれば、少なくとも表面的には大手を振って歩くことができるようになった。もちろんこの背景には体育の国家管理の強化と、それと結びついていた従順な労働者づくりの要請という要因が働いていたことは明らかである。

このようにして、体育の〝暴力性〟は再び〝輝き〟を増すことになってきた。本来、〝遊び〟とか〝体力〟といったことは、個人の自由に属する事柄である。それを、体育という名のもとに、権力的に左右していこうというのであるから、子どもとの間にズレや対立が生じてくることは当然のことであった。しかし、権力化した体育は、そのズレや対立を子どもの立場に立って解決していく道をとることを許さなかった。ここに、体育において〃暴力〃が発生してくる決定的要因があったのである。けれどもオリンピックは、このような構造を〃脱構築〃していく道を閉ざしたばかりでなく、ますますその構造を強化していくことに働いたのである。そして、いまのオリンピックが続く限り「体育」は安泰であるばかりでなく「スポーツ」による子どもの抑圧と、体力の国家管理は続くのである。

したがって、いま必要なことは、オリンピックやそれを支える「体育」を、どのようにして相対化し、異化していくかということなのである。換言すれば、国家の「体育」から子どもたちをどのようにして解放してやるかということが問題なのである。もしも、「体育」の改善がこのような視点を抜きにした体育の科学化や民主的体育の推進ということであれば、結局は管理主義教育の担い手としての役割を果たし続けるばかりでなく、管理社会を支える歯車づくりに貢献していくことになるのである。

おわりに

私たちは最近、トロプスという運動をはじめた（注6）。トロプスとは、ＳＰＯＲＴという言葉を逆に読んだものであるが、ＳＰＯＲＴを相対化するとともに異化していく試みを含んでいる。これは、「スポーツ」の構造をいわば一八〇度変えていくことによって、誰も〃落ちこぼれる〃人のいないようなスポーツ・ゲームをつくろうと意図したものである。これなどは、いまのあまりにも硬直化した「体育」や「スポーツ」、オリンピックを見直していくのに、良いきっかけになるように思われる。

以上、オリンピックの問題性を、スポーツと体育に焦点をあてて考えてきた。そしていずれの面でも、オリンピックは市民あるいは子どもとの間のズレをますます大きくしているものであることを明らかにしてきた。オリンピックや「スポーツ」は、これまで市民に〝背を向けた〟形で進んできた。このように考えたとき、今後われわれは、このどちらの立場に立って考えていかなければならないかは自ずから明らかだろう。

（注1）『朝日ジャーナル』一九八四年六月一日号　十二頁
（注2）『学校体育』一九八四年七月号
（注3）影山健他編『反オリンピック宣言』風媒社　参照
（注4）このことについては、次の文献参照
○影山健他編『草の根教育運動のために！愛知の教育現場からの報告』国土社　一九八三
○拙稿論文「愛知の管理主義教育を考える」雑誌『かんかん』NO.１　ユニテ　一九八四
○反五輪市民共斗会議編『告発・１９８８名古屋オリンピック』風媒社　一九八一
（注5）拙稿論文「スポーツに未来はあるか」『体育科教育』一九八三年二月号
（注6）影山健他編著『みんなでトロプス！敗者のないゲーム入門』風媒社　一九八四　参照
（『体育の科学』特集「日本人とオリンピック」一九八四年八月　杏林書院）

第三章　「オリンピック」に反対する名古屋市民の論理と行動

はじめに

名古屋オリンピックの招致運動は一九七七年八月、仲谷愛知県知事の突然の提唱によってはじまった。これに対して、中部財界による賛成発言があいつぎ、この年の十一月には、仲谷知事と中部財界代表がそろって、時の福田首相に陳情に出かけるというところまで話が進んだ。こうした経過は、「名古屋オリンピック」の性格を物語るものであった。名古屋オリンピックは、スポーツマンの努力によってはじまったものでもなければ、ましてや市民たちの希望によって生まれたものでもないことは明らかである。この点をまず明記しておく必要があろう。

このような行政側の動きに対して、市民の間からもさまざまな形で反対運動があらわれてきた。一九七八年の二月には、「名古屋五輪を考える会」の市民シンポジウムが開催され、五月には、美術家有志による「名古屋五輪を考える美術展」が約一週間にわたって開かれている。その後も、「要望書」の提出や、「パンフ」の作成、「市民集会」の開催など、さまざまな運動が市民の間で行われてきた。

このような反対運動において、当初、その中核となって動いた団体は、「名古屋オリンピックを考える市民連絡会議」であった（一九七八年十二月結成。この前身は「オリンピック問題を考える会」）。この「連絡会議」は、特に、七八年末から七九年九月に、関係各県議会や市議会で「オリンピック誘致決議」が行われるまでの間、かなり活発な運動を展開した。この間、「公開質問状」の提出や、市民参加を求める「請願書」の提出、街頭アピールなど、特筆できるものだけでも、約二十の活動を行っている。

しかし、「連絡会議」や一九八一年四月の名古屋市長選挙を迎えて、運動方針をめぐって対立が生じた。というより、この団体の抱えていた内部矛盾が、市長選を契機として一挙に表面化したといってよい。そして、名古屋オリンピックに反対する多くの市民は、この会を脱会していった。「市民連絡会議」が、多くの労組をその傘下としてかかえていたことが、市民運動としての成果を弱める結果に働いたことは否定できないだろう。市長選挙は、よく知られているように保革相乗りの五党連合による選挙であったが、労組は、オリンピック誘致を推進する本山「革新」市長を推したのである。

このような「市民連絡会議」の変質に、代わって登場してきたのが「反オリンピック市民運動連合」（代表、水田洋名大教授）である。これは、「オリンピック反対」だけを政策目標に掲げて立候補した竹内義次候補を支援することをきっかけに組織されたものである。この組織には、現在十数個の市民団体が加盟しているが、主体性はあくまでもそれぞれの団体にあり、全体としてバラエティーにとんだ運動を展開している。その意味で、ゆるやかな「連合」組織といってよい。しかし、今年四月に結成されて以来、「街頭デモ」や「反オリンピック市民集会」の開催、ＩＯＣへの「反対声明」の送付など、組織として強力な運動も展開している。現在は、ＩＯＣ総会を目前にひかえて、「署名運動」と「ＩＯＣ総会対策」が運動の中心となっている。

第一節　ほぼ互角に近い賛成、反対論の比率

反対運動の成果もあってか、名古屋オリンピックの誘致に反対する市民の声は、日増しに強くなってきているように思える。八一年七月に発表になった朝日新聞社の「世論調査」の結果によると、「賛成」四十五パーセントに対して「反対」は三十九パーセントであった。これでみる限り、賛成、反対はほぼ互角に近くなってきていることがわかる。七九年に名古屋市や愛知県が「世論調査」を実施した当時とは、だいぶ様相を異にしてきていることは明らかである。当時は、調査の結果六十パーセント以上の人が賛成しているとされた。

また、ある市民団体が行った調査によると、千種区や名東区などメインスタジアム建設予定地周辺の住民は、実に七十パーセント以上がオリンピックに反対しているという結果

であった。反対する市民の声が強まってきているというのは、「連合」に加盟する団体が最近増えてきていることからもわかる。

市民たちが名古屋オリンピックの誘致に反対している理由は、さまざまである。「反オリンピック連合」にはいろいろな性格の団体が加盟しており、それぞれによって反対の理由にも強弱がある。各団体の反対のビラを見ると、なおいっそうそのことが明らかになろう。

このことは、逆にいえば名古屋オリンピックに反対する理由は一つだけではないということを意味している。最近のように大規模化し、政治化し、産業化したオリンピックは、社会と複雑にからみあっており、その影響も多面的である。しかし、ここではその理由を、①反民主主義的性格、②市民生活の破壊、③オリンピックの欺瞞性の三つに大別して、述べてみることにする。

名古屋オリンピックの誘致に反対する理由の一つは、その進め方の反民主主義的な性格をめぐってである。名古屋オリンピックの誘致運動は、一貫して「行政主導」「市民不在」によって行われてきたといっても過言ではない。したがって、市当局がすでに市民の合意は得られているとどんなに主張しても、市民の間では、「そんなもの認めたおぼえはない」という不信感が根強く残っていることは否定できない。

たしかに市議会や県議会によって、オリンピック誘致を満場一致で決議しているかもしれない。しかし、これらの決議は、市民の強い要求にもかかわらず、「公聴会」ひとつ開かれずに行われたものである。また、市や県では「世論調査」を実施し、六十パーセント以上の賛成という市民の意向もふまえて、誘致に踏み切ったのであるというかもしれない。しかし、この「世論調査」の仕方自体に問題があるだけでなく、オリンピックの利点だけを並べた——というよりオリンピックの問題点を隠した——〈構想案〉（正式名称は「一九八八名古屋オリンピック競技大会構想案」）を事前に配布しておいて、この調査を実施したのであるから、賛成意見の多くなるのは当然予想されたことであった。

さらに市や県では、この〈構想案〉について「説明会」を開き、市民の声を聞いたというかもしれない。しかし、市や県では、これらの市民の声によって〈構想案〉を修正することはなかった。はじめからそのような意図はなく、「説明会」はあくまで自分たちの作った〈構想案〉を市民に押しつけるための会でしかなかった。もっとさかのぼっていえば、この〈構想案〉は、「オリンピック問題協議会」というところでつくられたものであるが、この「協議会」では、市民の傍聴を拒否してその作成にあたった。

これらのことを振り返ってみても、その進め方が、いかに「市民不在」であったかがわかる。現在でもまだ、関連公共事業に実際どのくらいの金がかかるのか、はっきりした数字は公表されていない。

市長にも、反対している市民たちとじっくりと膝を交えて話し合うという姿勢が見られないのは残念である。われわれが何回か市長に討論集会を要求しても、それはまだ実現されていない。市当局は、自分たちが〈被告〉であることを忘れて、とかく〈裁判官〉の立場をとろうとする。市民が市民集会を企画したときも、賛成派と反対派を討論させて、自分たちは〈中立〉であるかのようなポーズをとろうとした。市民たちにいわせると、市が自分たちで勝手に決めたのであるから、その是非について、当然市民的判断を受けるべきであり、裁かれるのはむしろ市当局であると考えているのである。

しかし、今回の五党相乗りの市長選は、オリンピック「翼賛体制」をつくりあげた。多くの市民たちが、オリンピックの誘致に反対しているにもかかわらず、それを代弁する政党が現在一つもないのである。すべての政党は、その利害もからんでか、ことオリンピックに関する限り、一体となって本山市長を推している。したがって、市民の声を代弁するどころか、市民の反対運動を抑圧する方にまわることは目に見えている。このような状況は、まさに〈オリンピック・ファシズム〉としかいいようがない。そのような状況がいま名古屋でつくられつつあるのである。その点で、今年六月に行われたオリンピック反対のデモのとき、「オリンピック・ファシズム反対」というシュプレヒコールが何回も繰り返されたのは印象的であった。

第二節　開発路線の「活力剤」としての五輪

オリンピック・ファシズム体制は、何も名古屋だけの問題ではないように思われる。オリンピック招致国会決議に見られるように、オリンピック・ファシズム体制は、全国的規模で広がっているといえよう。オリンピック・ファシズムは、オリンピックは「善なるもの」という理念に支えられて、体制にとって都合のよい思想教育が行われてくることは必定である。東京オリンピックのときもさまざまな「道徳教育」が、オリンピックの名のもとに、国家によって行われたのである。そして、オリンピックに反対する人は、「県民一致の努力」を無視する悪者として排除されることになる。

これらのことを考えると、オリンピック・ファシズム体制は、何もオリンピック問題だけに限られるものではないのである。オリンピック・ファシズムによって形成された思想や行動は、反市民的な政治体制を内面的に支え、全面的なファシズム体制をつくりあげていくのに貢献していくことになりかねないのである。

「オリンピック・ファシズム反対」というシュプレヒコールは、そうした市民たちの危惧の念を示すものであった。

名古屋オリンピックの進め方における反民主主義的性格は、ただ単に「市民不在」といって済まされる問題ではなくなってきているということである。大事なことは、「体制の政治」

に対して「市民の政治」をどうやって構築していくかということであり、名古屋オリンピックは、まさにその問題にかかわっているのである。

名古屋オリンピックの誘致に反対する理由の第二は、市民生活の破壊ともいうべき問題、すなわち市民生活への数々の悪影響に関してである。名古屋オリンピックは、膨大な財政負担を市民や県民に強いるだけでなく、自然環境を破壊し、生活環境を悪化させる。また、物価は上昇し、教育や福祉の向上が抑制される。これらのことは、全く誰が考えてみても明らかなことである。

市民たちは、そこで疑問に思う。世界の一握りの人たちが、たった十六日間、走ったり、ボールをけったりして競争をするのに、どうしてわれわれがこんなに犠牲を払わなければならないのかと。このような疑問に対して、誰も納得のいく回答をしてくれないのである。現在のオリンピックには、そのような回答は用意されていないといってよいだろう。

メインスタジアムの候補地の一つである名古屋市の平和公園は、市民に残された唯一の自然地帯であるといってよい。市民たちは、老若男女、春夏秋冬を通して、思い思いに、この自然を楽しんできた。しかし、スタジアム建設が決まれば、その三分の一以上（百四十六ヘクタール中五十四ヘクタール）が壊される。駐車場の面積いかんによっては、その規模は公園の二分の一以上になるのではないかと市民たちは話し合っている。

子どもたちは、これまで、ここでトンボを追いかけたり、セミをとったり、野鳥を観察したり、いろいろな遊びをしてきた。しかし、名古屋オリンピックは、子どもたちに、次のような強制をするのである。すなわち、「お前たちは、そこでそんな遊びをやめて、あの立派な陸上競技場でサッカーでもやればよい」と。いったい、誰に、こんなことをいう権利があるのだろうか。また、子どもたちにとって、トンボを追いかけたりセミをとったりするのと、サッカーだけしかできなくなるのとでは、いったい、どちらが幸せであろうか。

市民たちに課せられる膨大な財政負担のことや、高速道路建設に伴う生活環境の悪化などの問題について、ここで詳しく述べる余裕はない。また、学校体育や学校教育に及ぼす影響も、見落とすことのできない問題である。

そこで問題になってくるのは、オリンピックによってどうしてこのような市民生活の犠牲がつくりだされてくるか、そのメカニズムはどうなっているかということである。ひとつには、いまのオリンピックのあり方が問題になってくるのは、いうまでもない。もうひとつは、県や市の、あるいはわが国の、これまでの経済政策のあり方である。

これまで愛知県は、開発可能ということを大義名分としながら、重化学工業を中心とする「大愛知主義」的な開発路線を歩んできた。そのために、臨海部が埋め立てられ、農地や森林が破壊されて、工業用地の大造成がすすめられてきた。最近でも、農地の他への転用面積は、北海道を除くと、全国第二位の広さとなっている。

その結果、大企業の県内進出とそれに伴う地場産業の衰退、豊かな産業の疲弊、自然の破壊、公害の深刻化等々、さまざまな問題を県民の生活に与えてきた。進歩や発展が、無限のものではないことはよく知られていることである。とりわけ、七三年のオイルショック以降の不況の進行は、これらの開発主義のもつ問題をいっそう深刻なものにしてきたといってよい。県や市の財政を調べてみても、七五年以降、財政事情は極端に悪くなってきている。

名古屋オリンピックの誘致は、このような状況のなかで提唱されたものである。オリンピックは、不況によって噴出してきた諸問題を隠蔽し、既存の開発路線を継続させ、強化していくために呼び込まれた「活力剤」であったのである。市民生活の悪化は、名古屋オリンピック誘致問題が起きる以前から生起していたのである。

したがって問題の根は、これまでの開発路線それ自体のなかにもあったことを、十分考えていく必要がある。オリンピックはその根の上に立った幹の延長線上において考えられてきたものなのである。

第三節　親善と平和にほど遠いオリンピック

現代のオリンピックは、さまざまな欺瞞性を内包している。それは、選手のプロ化やドーピングを考えてみれば一目瞭然である。オリンピックはこれまで、世界平和と国際親善をその目標の第一に掲げてきた。しかし、近年のオリンピックの現実は、国際親善や平和とはほど遠いものとなっていることも事実である。

オリンピックは、現在、政治の手段として利用され、ボイコットや入国拒否などは日常茶飯事のこととなっている。そのためにオリンピックは、国際親善よりもむしろ、諸国家や民族、人種などの深刻な対立や偏見を生み出す原因とさえなっている。

それればかりか、オリンピックは、現在の国際政治状況を内面的に補強していく役割を担っていることに注意しなければならない。現在の国際政治は、大国同士が対立し合い、軍拡競争に明け暮れるとともに、「核」の危険性がいっそう現実味をおびてきている。しかし、オリンピックは、このような危機の進行に対して全く無力であったばかりでなく、「政治的中立」ということを口実として、何もしようとせず、世界の危機を「是認」する役割を果たしてきた。いったいオリンピックは、これまでにどんな平和行動や平和運動を具体的にしてきたといえようか。

このような平和の欺瞞性は、メインスタジアム周辺の住民の願いを聞けば、ただちに理解できることでもある。彼らは、「オリンピックで、われわれの平和な生活を乱さないでほしい」と訴えている。これまでのオリンピックは、平和を口にしながら平気で、人々の平和を踏みにじってきた。では、オリンピックの訴えてきた平和とはいったい何であったのだろうか。

市民スポーツの関係においても、オリンピックの欺瞞性は明らかである。オリンピックは、市民スポーツと直接関係ないばかりか、エリートスポーツと、市民スポーツとの間の乖離をいっそう大きなものにしていくのである。オリンピックは、スポーツをやる人を増やすというより、見る人を増やすだけなのである。それと同時にオリンピックは、既存の競争スポーツ観を強制的に人々に押しつける。オリンピックスポーツの中心は競技スポーツである。競技スポーツは、いわば、「誰が生き残るか」を楽しむゲームであって、多くの人を排除するという性格を内蔵している。現代社会におけるスポーツの二重構造も、こうした競争スポーツの性格と結びついて発生してきたものと考えられる。

スポーツが競争スポーツだけでないことは明らかである。しかし、これまでわが国では、人々を競争スポーツに駆り立ててきた。そして、それ以外の運動をスポーツとしては考えられなくしてしまってきている。

競争スポーツに慣らされてきたわれわれにとって、排除の論理をとらない協働的スポーツはなかなか思い浮かばない。これからの市民スポーツは、協働スポーツや土着的なフォークスポーツを取り入れていかなければならない。しかし、オリンピックは、こうした自由なスポーツの発想を踏みにじっていく。そして、それが「近代化」だと主張し続ける。

われわれの生活とほど遠いところで仕組まれ、われわれの生活に悪い影響を与えるようなオリンピックはごめんである。もしも、オリンピックの再生を真剣に考えるのであれば、市民の手にすべてをゆだねることである。そのとき、オリンピックは生き残れるかどうかは別として、その悪行は終わることになろう。

（『朝日ジャーナル』一九八一年九月十八日号　朝日新聞社）

〈補録〉反オリンピックをテーマとした研究と実践の記録

――『アンチオリンピックス』創刊号より

一九八一年頃からの「反名古屋五輪」を目的とする市民運動の高まりのなかで、「体育・スポーツ」関係者の立場から名古屋五輪開催について研究し、その成果を広く社会に訴えていくことを目的としてスタートしたのが「AOC（反オリンピック研究会議）」だ。その成果を世に問うていくために定期的に発刊された『アンチオリンピックス』創刊号に、影山健氏が記した創刊の辞と、反名古屋五輪の市民運動を担った運動団体の代表の一人として一九八八年五輪の開催地決定の場となった西ドイツ（当時）バーデンバーデン市に出向き、活動した際の、現地での活動報告の一部を抜粋して紹介する。

■『アンチオリンピックス』創刊の辞（抜粋）

AOCは、一九八一年に名古屋オリンピックの欺瞞性や問題点を明らかにするため、体育・スポーツ関係者が中心になって結成された〈研究〉団体である。この団体は、他の研究団体とは少し性格を異にし、これまで常に一般市民と一緒になってオリンピックの問題性を考えてきた。一九八八年のオリンピックがソウルに決まった後も、他の市民運動の代表の方々を次々に招き、話を聞くことによって、オリンピック問題の根の深さとその基盤の共通性について認識を深めてきた。

これまでオリンピックは、またそれを頂点とする「スポーツ」「体育」は、政治や経済の道具として利用されるとともに、極めて一部の人々に奉仕するという役割を担ってきた。そのために多くの人々は、体育やスポーツから疎外されてきた。したがって〝オリンピックなんて関係ない〟〝スポーツは嫌いだ〟〝体育は嫌だ〟という人が、たくさん生まれてきたのもけだし当然のことであった。これらの人々は、いまのオリンピック体制のなかで、いわば〝はみ出す〟ことを余儀なくされた人々であったのである。

しかし、これまでの体育・スポーツ研究を振り返ってみると、これらの〈抑圧された〉人々のために、どれほど真剣になって考えてきたか、疑問に思われてくる。体育・スポーツ研究の多くは、いつも自分たちの考えるパターンを人々に〝押しつける〟ことを中心価値にして行われてきたといってもよい。（名古屋オリンピック）招致ドラマの場合も、この地方の体育・スポーツ研究者の大部分は、ＡＯＣのメンバーを除き、権力の側につくか「日和見」をきめこんだ。あれだけたくさんの市民がオリンピックの開催に反対しているのに、その人々の立場に立って考えてみようとする姿勢は極めて稀薄であった。

ＡＯＣは、これからも体育・スポーツにおいて疎外され、抑圧された人々の立場に立って、体育・スポーツと取り組んでいきたいと考えている。『アンチオリンピックス』は、そのための雑誌である。反オリンピック研究は、反「スポーツ」研究であるとともに、反「体育」

研究でもある。〈抑圧された〉人々の立場から、体育・スポーツを見直していくということは、現代社会におけるそれらの問題性を明らかにしていく上で、全く不可欠のことであると考えるからである。

現代オリンピックや体育・スポーツの問題は、管理社会といわれるような現代社会・文化の問題でもある。したがって、「スポーツ抑圧」からの解放といったことも、そうした視点を見失っては考えられないことである。われわれは体育・スポーツ批判をとおして、現代社会の問題性を明らかにしていきたいと考えている。

■バーデンバーデン報告（抜粋）

1　あらまし

影山を含む、反オリンピック市民運動連合の十一人が現地で勢ぞろいしたのは、予定より一日遅れの九月二十五日であった。それから三十日に至るまで、いろいろな困難を克服しながら、できる限りの運動を展開してきた。その主な活動を列挙すると次のとおりである。

○記者会見（九月二十五日）

○デモ行進（四回）

バーデンバーデンの街中を、横断幕を掲げてデモ。ドイツ語や英語でシュプレヒコールを繰り返す。多くの市民が拍手して支援してくれる。

○ビラ配り
オリンピックが開かれるとどんなに自然が破壊されるか等について書いた資料（英文）を、ＩＯＣ委員やコングレス参加者を中心に配布。また、一般市民には、反対理由を簡単に書いたビラ（英文、独文、仏文）を配る。
○写真の展示
会場予定地である平和公園の写真や名古屋の反対デモなどのパネルを、道路脇に展示。
○ＩＯＣ会長への会見要求と持参した一万二千人の反対署名簿渡し
事前の会見を要求していたのに返事はなかった。夕方、クアハウスで階段を降りてくるサラマンチ会長をつかまえることができた。何という僥倖！　翌朝の会見を約束させる。そして、翌朝、全員立ち会いの下で、署名簿を渡すことができた。
○現地の人々と〈もう一つのオリンピックコングレス〉の開催
オリンピックの犯罪性について活発に論議。

「名古屋では市民の反対運動が非常に強い」という印象をＩＯＣの委員に与えたことは間違いない。

2　運動の支え

私たちは現地入りする前、何日か名古屋市の街頭に立って反対の署名集めをした。このとき、街を行く人々に向かって大声を張り上げると、多くの人々が進んで署名をしてくれた。それは、しばしば行列ができるほどであり、百や二百の署名は瞬く間に取れた。その上、何人かはこちらが何もいわないのに、カンパしてくれた。またある人からは、「その署名用紙を少しくれ」といわれ、何枚かを渡すと、後日、全部署名されて私のところに送られてきた。

この署名集めを通して、われわれはいかに多くの市民がオリンピックに反対しているかを、実感として知ることができた。これが、われわれの運動をどんなに勇気づけてくれたかわからない。

3 温かかった現地の人々

バーデンバーデンでは、街頭で何回かビラ配りをした。ビラを取ってくれた人は、必ずといっていいぐらい質問をしてきた。「なぜ、オリンピックに反対するのか？」。この辺は、日本人の場合とだいぶ趣を異にしていた。

このやり取りを通して強く印象に残ったことは、バーデンバーデンにおける多くの市民たちが、われわれのいうことを素直に受け入れ、共感を示してくれたことである。「なぜ反対するのか」という質問に対して、私はいつも「オリンピックによって平和な市民生活が破壊される。それも世界平和の名においてである！」と答えた。この答えに多くの人が納得してくれた。「そのビラを何枚かほしい。ポストに貼ってくるから」という人もいた。オリンピックに対する疑念が、世界共通のものになってきていることを強く感じた。

4 オリンピック討論集会ーオルタナティブ・オリンピック・コングレス

次に〈もう一つのオリンピック・コングレス（alternative olympic congress）〉についても記しておこう。これは、われわれが主催して、九月二十八日の夜に開いたものである。この会の目的は、近代スポーツとしてのオリンピックの功罪を論ずることにあった。会に集まったのは全部で二十名くらいで、自然保護運動に関係した人が大部分であった。

討議ではまず、オリンピックと平和の問題が議論になった。現地の参加者からは、オリンピックが平和よりもむしろ対立や緊張をつくり出しているという意見が出ていた。私も「平和の名の下に人々の平和な暮らしが破壊される。人々の平和な生活さえ守れないのに、どうして世界平和が実現できるのか」と意見を述べた。私の話には、何回か拍手が起こった。また、オリンピックと自然保護について話し合われ、ドイツの自然保護の問題点などが紹介された。さらに、オリンピック返上運動の動向が話題となった。

会の終わりごろには、ドイツの一青年から「このような会が、われわれの責任において開けなかったことは、日本の皆様に対して大変申し訳なかった」という声も出た。この印象的な一言で、われわれの苦労も報いられたような気がした。

■オリンピックをぶっ飛ばせ！　工作者影山健教授の歴史的軌跡

土井俊介

はじめに

放課後の運動場を眺めていると運動系部活の生徒が声を張り上げながら活動している。この風景、運動場フェンスの外から見ればまことに牧歌的で、健全な青少年が授業後（＋休日）も仲間とともに身体を鍛えている姿に映るであろう。

この牧歌的風景とオリンピックという世界的なイベントがどのように「通底」しているのか？　この点をスポーツ社会学的な観点から常に深く鋭いまなざしでもって批判的に見つめてきたのが、影山先生であった。

確かに、体育科を専攻する先生であるだけに運動能力は大変秀でていた。特に印象に残っているのはスキーの技であり、そのフォームなど惚れ惚れとするほどのかっこよさがあった。私自身生まれてはじめてのスキー体験が大学の体育科のスキー授業であったが、影山先生が担当したのは、三日間練習してもまったく上達の見込めない落ちこぼれグループであった。特に極めつけの学生が一人いて、まったくスキーの動きにはシンクロできない教えるのに手ごわい相手だった。

影山先生はこの学生にマンツーマンで指導に当たり「斜滑降」まで身につけさせた。この学生、おそらく三日目にはほとんど自信喪失状態で（体育科ゆえ他の初心者がどんどん上達していくのを横目で見ながら）帰ってしまうのではないかと危惧されたが、影山マジックに当てられ、笑顔で滑るようになっていたのだ。私もこの影山マジックに当てられた一人だった。

第一章　東京オリンピック招致をめぐる問題点について

この論文は影山先生の晩年に発表された。副題は「オリンピックの変革を求めて」である。ＩＯＣによって東京と決定する前に出された論文である。いま、東京五輪の弊害が各方面から噴出しており、社会問題化している。たとえば安倍首相による「福島原発はコントロール下にある」という嘘。ＩＯＣに承認された後にその何倍にも膨れ上がった開催予算。有象無象のオリンピック興行。政治家や経済界の暗躍。

ＩＯＣは東京大会で「オリンピックの変革」を求めたのであるが、それは見事に裏切られた。このパターンで東京オリンピックを実施してしまうと、今後一国の都市でのオリンピック開催は不可能であるという問題にＩＯＣは直面している。実際ＩＯＣは複数国での共同開催を画策しているようだ。メインスタジアムも「レガシー」などと横文字でアピールしているが、これを連呼すればするほどそのペテン性が明らかになってきた。

強行採決された「共謀罪」の必要性も、安倍首相によって「安全安心に東京オリンピックを開催するためだ」というとんでもない発言により正当化された。影山先生もこの論文で述べているように、福島原発対策費、特にこの地区の市民への補償問題はオリンピック出費のため縮小されている。景気がよいのはマスコミと東京オリンピックの経済効果という甘い蜜に群がるゼネコンや政治家、興行師たちだ。

この東京オリンピックは「いまの段階ではもう開催することが決まったのだからやるしかない。やるならば、きらびやかに立派にやり遂げよう」などと勝手に一部で盛り上がっている。それにマスコミやオリンピック興行で利益を得る人たちがこのお祭り騒ぎを波状的に仕掛けてくる。一般の市民もこの流れに煽動されているように思われる。

この市民に強いられた「時代精神」は、そのまま二週間のオリンピック饗宴の後、自らにその災いが降りかかるのだ。この東京オリンピック開催は無謀である。原発政策がじわじわと市民生活に負の影響を垂れ流し続けているのと同じように。

影山先生はこの論文で東京オリンピックの問題を政治的・経済的・文化的側面から解読していったが、東京開催決定によってわれわれは「オリンピックの変革」をやむを得ぬ次善策として考えておく必要がある。この変革においてオリンピックという「お祭り型公共投資」（大衆が歓喜するでかいイベント＝お祭りを餌に箱物行政などを、批判をかわしながら一気に推し進める政治的・経済的・思想的ペテン戦略）のあり方そのものを、また市民を巻き込むこの「時代精神」を変革していかないことにはうまくはいかないだろう。

そのヒントは影山先生のこの論文にも記載されている。実は多くの人々が抱いているスポーツに纏わり付く「いかがわしさ」をはっきりと具体的に知覚し、他の人々とコミュニケーションを通じて共にもう一度批判する新しい「時代精神」を創造することが必要であろう。スポーツは好きではない。あの「いけいけゴー」の雰囲気が馴染めない。その感性こそはいまのオリンピック興行を批判するための新たなエートスである。いままではどちらかといえば、スポーツを楽しむ人、熱中できる人に正の価値が与えられてきた。それはそれで自由に謳歌していただければよい。

それに対しアンチテーゼ＋対抗文化の情報発信として、スポーツは嫌い、だが、まあ楽チンに気分転換ができ、友だちもできるスポーツなら、またアフターでその友だちと一杯（酒、ジュース、甘いもの等々）やれるのならよい。まさに「居酒屋のスポーツ文化論」だ。オリンピックのようなエセ頂上文化を批判できるのはそういう人たちだと思う。

影山先生は多数の論文でみんなが楽しめる運動を提案している。それはＳＰＯＲＴの逆をいくＴＲＯＰＳ＝トロプスムーブメントだ。最近の教育現場では「体ほぐし」などといった言説で競争スポーツの準備運動代わりに実施されているが、既存のスポーツのなかへも取り込んでいこうという動きもある。

しかしこの傾向は、先ほど述べたスポーツが嫌いで恐ろしく、きつく、参加しない生徒が増えてきたための対症療法という位置づけだ。この「時代精神」、まだまだ旧態依然としたものといえる。実はむしろスポーツが嫌いで恐ろしく、きつく、参加しないというその「心性」にこそ、いまのスポーツやオリンピックを変えていく「新しい時代精神」が繋がっていくのではないか。

私はオリンピックに舞い上がる人とそうでない人、すなわちどうもあのノリについていけない人とを分けて考えている。もちろん後者の立場は、いってみればアンチスポーツニストであって、その人たちの心性や価値観がもっと、オリンピックに関する議論にとり取り込まれる必要がある。そうすれば、オリンピックやスポーツに投下される莫大な資本の流れが変わるのではないかと思われるのだ。税金の運用は、このような多様な価値観をもつ人々に目を向けうまく舵取りをしていくべきだ。そのような能力が官僚や政治家に求められるのであり、その政策をしっかりと監視していくための批判力を市民はもち続けていく必要があるだろう。

第二章　日本の社会とオリンピック

この論文において、影山先生はオリンピックを「商業五輪」「政治そのもの」と位置づけ、まずは「市民スポーツの影響」を論じていく。

そこでスポーツそのものや、オリンピックを聖域化する、いわば「いかがわしい」側面と運動文化の一側面（one of them）でしかないものとに分けて考えている。彼は後者のひとつとして市民スポーツという観点から私たちの日常生活の楽しみとして「するスポーツ」をあげている。しかし、オリンピックが、本来、運動の喜びを求めるこの市民スポーツを、画一化して、勝敗や記録、国威高揚の手段としてのみ利用する実態を指摘する。

もともと運動を楽しむための市民スポーツとオリンピックスポーツは混ざり合うものではない。しかし、スポーツを楽しむ一般市民を、オリンピック万歳ムーブメントに繋がれば「自分がより崇高な価値のある人間になれる」「多くの人々の賞賛を浴びることができる」などと誤認させて、他の人とは差異化・アップグレードされた存在になれるのだという妄想・幻想を抱かせた。

オリンピックはかつてアマチュアとプロを厳密に峻別してプロ化した選手を追放するなどの歴史もあったが、この偽善的姿勢も時代の流れのなかで完全に消滅した。

プロ野球やプロサッカーの選手が参加するようになり、そこから得られる莫大な資金は大いにスポーツ産業とオリンピック関連企業を潤すことになった。しかし、オリンピックにまつわる清廉潔白なイメージは怨霊のごとく取り付き、それゆえ、さらに触媒として儲けを加速化させる。たとえば市民のためのスポーツも、儲けるスポーツのマッチポンプの役割を与えられたのだ。

市民スポーツ→エリートスポーツ→プロスポーツ→ワールドカップ→オリンピックとグレードアップしていき、それにつれて、そこに儲かりのサークルが稼動するのだ。当然、市民スポーツが底辺で参加数もいちばん多く、薄く広く儲けの額も拡大していく。オリンピックメダリストのハイテックウェアは、スポーツを愛好する市民が着用してこそ莫大な売り上げに繋がるのだ。選手がメダル、メダル、金、金と騒ぎ立て、同時にマスコミも金を「おねだり」

するのは国威発揚のみならずメダルの色に比例して売上高がアップしているからだ。

次にオリンピックの体育への影響であるが、体育会系部活動への負のレガシーをますます加速させている。また、最近は年少から英才教育を進めてきたエリート選手製造プロセスが、まったく無批判的にマスコミなどで視聴者に刷り込まれていく。

これもオリンピックに繋がる在野スポーツへのインボルブ（参与）操作によって、たとえば有名五輪選手の実家のトランポリン教室が放映されると、全国のトランポリン教室が満タンになる社会現象へと繋がっている。ここでのスポーツへ投入される資金の小さな格差はグレードアップするに従い大きく膨らんでいき、結果としてスポンサー企業が付いてバックアップしないと、国際大会にも参加できないまでに格差は拡大していく。ついには、国がメダリストには賞金を与えるまでになった。

当然、学校体育への影響は大きい。一般のスポーツは金と暇があり、やりたいものがやるという参加の仕方において選択性がある。しかし学校体育はまさに全市民が、たとえば中学校では週三時間を強制的に参加させられる。学校の教師の「スポーツを楽しむことが必要だ」という言説は、オリンピックのメダル獲得の反復放映映像によって、ぶっ飛ぶ。「やっぱり勝たなきゃ」と。

ところで最近体育は、あまり好かれない教科となっている。えらい（疲れる）、厳しい、恥ずかしい、怖いなどといった負のイメージが生徒たちに刷り込まれているのだ。かつてスポーツ・体育批判として、知性に相反する「脳みそまで筋肉」というアンチテーゼがあったが、いまはむしろそれよりも「人生を楽しむためのさまざまな営みを阻害する〝忌避行為〟のひとつとしてスポーツ・体育がある」というかつてない最悪の位置づけがなされているのだ。影山先生が予言したスポーツ・体育の負のイメージは相当まずい状態まで進んでいる。

第三章 「オリンピック」に反対する名古屋市民の論理と行動

影山先生の、最も卓越した視点は、人生を楽しむという行為である、身体を動かしハッピーになるということと、オリンピックのさまざまな目的、戦略、実践、行為とは、全く次元の違うものだということを所与の事実として論理展開がなされていることだ。

オリンピックで活躍する選手を見て高いモティベーションを得、スポーツに参加していくというような単純な論理をばっさりと切り崩していく。オリンピックを頂点としたスポーツのピラミッド構造を絶対価値とする思考を「幻想」だと切り捨てる。さらに体育系部活動に身体的・精神的エクスタシーを得ることのできる人を「善」とし、そうなれない人を「根性がない」「飽きっぽい」「人間性においてどうか?」などと評価して、これを「悪」としているような「コモンセンス」(常識・良識)を切り捨てる。

また多くの人々がもつであろうこと、すなわち「オリンピックは問題点が多い、しかしそこで活躍している個々の選手を否定するのはどうか?」という類の「迷い」というものがない。影山先生の身体を動かすことによりハッピーになるというパフォーマンスを「あっ、そうなのか」と納得してしまえば、「市民たちは、そこで疑問に思う。世界の一握りの人たちが、たった十六日間、走ったり、ボールをけったりして競争するのに、どうしてわれわれがこんな犠牲(反民主主義的決定に基づく市民生活の破壊など)を払わなければならないのかと」。この影山先生の発する問いかけがするりと心に入り込んでくるのだ。そして「現在のオリンピックには、そのような回答は用意されていないといってよいだろう」という結論に納得するのだ。

さらに「子どもたちは、これまで、ここで(メインスタジアム予定地)トンボを追いかけたり、セミをとったり、野鳥を観察したり、いろいろな遊びをしてきた。しかし、名古屋オリンピックは、子どもたちに、次のような強制をするのである。すなわち、『お前たちは、そこでそんな遊びをやめて、あの立派な陸上競技場でサッカーをやればよい』と。いったい、誰に、こんなことをいう権利があるのだろうか」と厳しく批判する。

名古屋オリンピック招致という政治アクションは、世界的なスポーツエリートを動員する「見るスポーツ」＝オリンピック、という甘い果実を市民の鼻っ面にぶら下げながら、その実態は市民の生活破壊を押し進めていくという現実を垣間見せることとなった。

またこの当時はバブル期でもあり、「お祭り型公共投資」が全国で蔓延していた。しかし名古屋という保守的な土地柄から、いまひとつバブルの盛り上がりに欠けていた。つまり東京や大阪のような巨大首都圏でのバブル狂乱には乗り遅れており、とりわけゼネコンや電通等のイメージ戦略においても金がぐるぐる回らないおっとりとした名古屋気質のおかげで、たとえそれがオリンピック招致というカンフル剤が注入されても思うように効かない状態であった。

しかし曲がりなりにもソウルと名古屋が一騎打ちするというところまでは、こぎ着けたのである。ここで、オリンピック招致委員会および国は相手が韓国ということで大失態を演じてしまう。彼らはオリンピックの本質が徹頭徹尾、ポリティカル・マネーゲームであり、二週間のゲームなどは単なるデザートに過ぎないという実態を理解していなかったようだ。

一方、韓国はオリンピックが政治・経済界を巻き込むポリティカル・マネーゲームであり、それ故国策としてさまざまな政治的働きかけと実弾＝金をＩＯＣの役員に投入した。

また当時、日本の大手マスコミは名古屋が勝つと確信していた。名古屋かソウルかを決定する当日、彼らはオリンピック招致委員会の応援会場に集結していた。「あの経済二流国、韓国に日本が負けるはずがない」という偏見もあったようだ。ＩＯＣ総会で「ソウル」と発表されたとき、まさに「え〜」という感じである。そのときの市長や県知事、もろもろの招致委員の間抜け面がいまも忘れられない。大手マスコミは早々に撤退し、反対派の取材には地元中日新聞や共同通信の記者など数名が、あわててやって来た。

そのときの反対派の反応はどうであったかというと、まさに気勢をそがれたという反応がまずあった後、「ソウルにいったんだぁ」という、安堵が「さわ〜っ」と広がった。

ところで、この決定前に反対派は影山先生も含め少数ながらＩＯＣ総会が開かれたバーデンバーデンに押し寄せ反対の意思を表明したのであるが、その効果は日本ではほとんど評価されていなかった。しかし、実際には日本で開催すると「面倒なことも起こりそう」という印象をＩＯＣに与えていたことは確かだ。オリンピック開催に関して政治的・経済的問題点を突いてくる反対派は「ハチの一刺し」のごとく厄介な存在に映ったであろう。

この名古屋オリンピックをめぐっては、後にさまざまな教訓を残した。反対派は、草の根市民運動は一定程度有効な活動であり、大きな発信力とその批判的ポジションが市民に受け入れられる素地を作ったということを学んだ。また既存の政党は今後もオリンピック招致に反対しない。彼らは巨大な「お祭り型公共投資」がどんなものであれ、金ぴかのキャッチフレーズが付けば推進派に回るという認識をもった。実際、革新政党のはずの本山市長は早々と保革相乗りで政党の支持を得てオリンピック招致に邁進していた。

一方、推進派は以後も際限なく「お祭り型公共投資」を画策するが、その際市民のコンセンサスが得られるように配慮するようになった。それは後の「デザイン博」や「愛知万博」などに連動していく。デザイン博は、「絶対黒字で収める」が公約になって実施され、終結時は黒字であったと喧伝した。ところが一億円の赤字であることが暴露され西尾市政は崩壊した。

愛知万博は、県の主催で招致が進められたが、ここでも影山先生は県知事選に「万博招致反対一本」で立候補し、かなりの票数を獲得したが結果的には敗れた。しかし、この選挙戦において批判ポイントになっていた自然環境破壊とコスト問題に関しては推進派に大きな影響を与えた。瀬戸の自然環境保全のため、会場が青少年公園に移転され、まさに本命である瀬戸地区の巨大住宅構想は取りやめられた（いまとなってこれは大正解であり、人口減の結果すでに実施されていた大型住宅構想は頓挫している）。コストもコンパクトにして建造物は原則元に戻し、今後も再利用し続ける（東京オリンピックでいうところのレガシー論法である）など工夫が見られた。

しかし、反面このようにコンパクト化することで来場者が減少する不安に苛まされ、結局、堺屋太一を博覧会プロデューサーに入れてしまったことが後々、負の遺産を作ることになる。彼は、やはりゼネコン的発想でリニアモーターカー導入を強く提案した。そして、まったく採算の取れない輸送構想を立ち上げてしまった。今や、このリニモは、毎年数億の赤字を計上する負の遺産と化している。

II

批判的スポーツ社会学の論理

第四章　スポーツに未来はあるか

一九八〇年代は、わが国でも、体育・スポーツに対する根源的な批判が顕在化してきた時代として特徴づけられるように思われる。一九八一年には、東海地方で名古屋オリンピックの招致に反対する広範な市民運動が起こった。それは、真の住民自治を求める要求であるとともに、現在のスポーツのあり方に対する批判でもあった。

われわれが、スポーツの未来を語るとき、現在の問題をどのように認識し、それをどう解決していくのかということを考えることがきわめて重要であるように思われる。というのは、それを抜きにした〝未来論〟は、現在の諸問題を隠蔽するイデオロギーに容易に変身してしまうからである。そこで、ここでは体育・スポーツによって現在何がいちばん問題であるかを明らかにすることに重点をおき、あわせて、われわれがいま何をしなければならないかについて考えてみることにする。

第一節　スポーツ嫌い

名古屋オリンピック反対運動に参加していちばん印象に残ったことは、オリンピックに反対する人がこんなにたくさんいたのかということであった。このことについては、これまでもいろいろなところで記してきたが、たとえば街頭署名活動のときなどは、瞬く間に署名を待つための列ができるという状況であった。

署名するのを待っている間、市民たちは、われわれにいろいろなことをしゃべってくれた。これも、われわれにとってはたいへん参考になるとともに、運動のエネルギー源となった。私も、これらの人々と一時の会話を楽しんだが、「スポーツは好きですか？」と尋ねると、異口同音に「スポーツなんて大嫌い！」「スポーツなんて関係ない」という答えがかえってきたのにはいささかショックであった。世の中には、スポーツと無縁の人がこんなにたくさんいるのかということを知ったのである。

しかし、この人たちが、何も運動していないというわけではなかった。けっこう、自分たちだけで、ジョギングをしたり、水泳をしたりしているのである。けれども、現在のいわゆる組織的スポーツには嫌悪感を抱いていた。その理由はいろいろあったであろうが、何かわかる気もした。

第二節　現代スポーツの欺瞞性

そういえば、最近とみに、スポーツの〝いやらしさ〟が目につくようになってきた。たとえば、甲子園野球のヒーローインタビューのようなシーンもその一つである。たまたまホームランを打ったからといって、どうしてそれほど騒がれなければならないのか。これにはマスコミにも大きな責任がある。また、最近は、テニスブームである。多くの人が、スポーツでさわやかな汗を流すことは結構なことである。しかし、いまのテニスはあまりに商業化が目立ち過ぎ、やる気がしなくなってくる。人々は、スポーツ産業の提供する施設やクラブで、スポーツ産業の提供するウェアを着用し、用具を用いて、同じことを繰り返している。テニスのフェンスを見ていると、どうも檻に見えてくるのは、テニスのできない者の僻目だろうか。

また、名古屋オリンピック招致運動のときも、世界平和への貢献ということが繰り返し喧伝された。しかし、市民たちの平和な生活を乱すということに対しては、一向に無頓着であったのである。人々の平和な生活をおびやかしておいて、どうして世界の平和が築かれるのか、その平和とはいったい何なのか、という疑問は市民たちの間から当然起こってくる問いかけであった。

このように、スポーツにおけるエリート主義（業績主義）とコマーシャリズム、およびその政治化は、スポーツにおける〝いやらしさ〟を作りだす三大要因のように思える。この背景には、スポーツ文化それ自身の変質がある。

スポーツ社会学者のデバローは、現代社会におけるスポーツの変質を〝リトルリーギイズム〟と呼んだので有名である。彼は、子どもたちの自発的な活動としての野球と、組織的スポーツとしてのリトルリーグを比較し、そこに大きな違いのあることを明らかにしたが、リトルリーグに限らずスポーツにおける管理化の進行は明らかである。スポーツにおける技術的過程の肥大化もその一つである。その過程で力を発揮しえない者は、他にどんな才能があろうとも、スポーツから落ちこぼれることを余儀なくされる。

スポーツにおける管理化の進行は、換言すればスポーツがその文化的(?)独自性を失い、社会すなわち経済や政治にからめとられてきた過程なのである。したがって、その社会が欺瞞に満ちていればいるほど、スポーツにおける〝いやらしさ〟の温床は、実はここにあるといわなければならないのである。

第三節　愛知の教育・体育——集団行動をめぐって

話は少しとぶが、愛知県は管理主義教育で一躍全国的に名を売ってしまったところである。管理主義教育とは何かということを定義するのはなかなかむずかしいが、児童や生徒たちの自由や自主性、すなわち人格を認めないという点は一貫した特徴であるように思われる。少し強い言い方をすれば、教育という名のもとに人権の侵害が行われているということである。

このような管理主義教育のなかで、体育・スポーツが重要な役割を果たしていることは否定できないことである。管理主義教育で有名な高校の反校長派の先生がしみじみと私に語ってくれた。「何が悪いって、体育科ほど悪いことをしているところはない」「暴力と無知、無思想がその三大特徴で、常に権力者側に立って生徒のしめつけにあたっている姿は昔の下士官そっくりである」と。

愛知県のTという新設高校の集団行動訓練は、そのファシズム的体質において有名であり、新聞や雑誌でもしばしば取り上げられてきている。われわれも、その高校に見学を申し込んだのであるが断られ、その光景を文字どおり垣根ごしに見学させてもらった。その場で展開されていた光景は、体育というより「教練」と呼ぶべきものであった。はじめに、ある学年による「査閲」的デモンストレーションが行われた後、クラスごとに分かれて、整列―番号―報告―行進―解散等が繰り返し行われる。われわれの目の前で、十回以上は繰り返された。その間、教師の口汚い罵声が飛ぶ。その態度はまさに〈やくざ〉的で、「一つ、先生が全員発狂したのではないかと思ったほどであった。そして最後には、みんなで「一つ、われわれは、集団行動をとおして、整然たる態度を養い……」「一つわれわれは……」と復唱するのであった。正直にいって、戦時中の体育・教練の悪夢を見ている思いがした。

この日、不幸にも、見学していた一女生徒が、四階の窓から飛び降り自殺をしている。この集団行動訓練を外から眺めている限りでは、何人かの自殺者が出ても全くおかしくないような光景であった。

自殺者といえば、一九八二年の四月から六月の三か月の間に、三つの新設高校で三人の自殺者を出している。これは異常としかいいようがない。その上、上記三校の一つであるB高校では、五月の「闊歩競争」(三十キロメートル)で、一女生徒が倒れて死に至っている。

また、この高校では、先生方の「集団指導」というのが一般的である。

ある先生が語ってくれたところによると、ちょっとした忘れ物や規則に違反すると、生徒はすぐに職員室に行かされるという。そして、そこで恐怖の「集団指導」を受けるわけであるが、まず座らされ、殴られることからはじまる。そして、何人かの先生から〈ボロクソ〉にどなられて、最後に、全員一人ずつ、壁に向かって「私は、何々をしたために……云々」と大声をはりあげ、それが認められたときにはじめて解放されるという。ここで、体育の教師は、生活指導の係として、十分その「適性」を発揮し中心的役割を果たすことになる。

その先生が、自虐的に述べた言葉が忘れられない。指導とは生徒の人格をボロボロにすることだそうで、「そうすると生徒たちは先生の顔色を見て動くようになるので、生徒の管理は全く楽になります」と。

集団指導のことを長々と述べてきたが、こうした「指導」を受けたら、感じやすい子なら誰だって自殺したくなるのも当然のように思えるからである。新設高校における前述の自殺が、そうでなかったことを祈るしかない。

第四節　愛知の教育・体育――〝部活〟をめぐって

もう一つの事例を挙げてみる。それは〝部活〟である。私の住んでいる愛知県の三河地方では、中学生の全員が何らかの〝部〟に入ることが強制され、転部や退部は原則として認められていない。練習は、毎朝始業前に一～一・五時間あり、放課後ももちろん毎日ある。その上、日曜日の午前中も練習である。これらの中学校では、生徒の余暇生活の大部分は部活であり、中学の生活は「部活＋テスト」から成っているといっても過言ではない。

私も参加している「岡崎の教育を考える市民の会」では、市民集会の場で、この〝部活〟をめぐっていろいろな問題点が出された。なかでも、問題の焦点となったのは「部活は、子どもたちが自由にものを考えたり行動したりすることを妨げているのではないか」ということであった。この時期の子どもたちにとっては、自主性を伸ばす上にも、自由にものを考えたり行動したりできる時間が必要であるという認識が人々の頭の中にはあった。

学校側のこれに対する反論は正式にはうかがっていない。しかし、しばしば耳にすることは、非行の防止であり、体力づくりであり、子どもたちがやりたがっており、親もそれを希望しているといったことである。かりにそうだからといって、〝考えない子〟を育ててもよいということにはならないのである。

岡崎では、毎年、中学校の総合体育大会が開かれる。あるとき、その開会式を見る機会があった。そのときの行進の光景も異様であった。各クラブはかなり高価と思われるユニホームをそろえ、〝ナチばり〟行進と市長への「かしら―右！」が行われたのである。行進は、腕を前後真横まであげるよう訓練されており、まさにナチの再来を思わせるものであった。私たちの若かった戦後しばらくのあいだは、体育やスポーツが軍国主義と結びつけられることを懸念して、そうしたおそれのあることをしないよう注意してきた。しかし現在は、そうした配慮など全くかなぐり捨てられてしまったようである。「日の丸」「君が代」が何の疑問ももたれずに、堂々とまかりとおっている。

ユニホームについてふれたが、体育の時間に、そろいのジャージと、〝背番号〟を用いているところもこの地方では多いのにも驚く。体育の時間の様子を外から見ると、刑務所の囚人か、軍隊を思わせる。これで、自主性を育てようというのであるからおそれいる。

こうした状況を挙げていったらきりがないくらいである。しかし、愛知県すべての学校がそうであるというわけではない。数の上から見ればごく限られた学校といってよいかもしれない。しかし、こうしたやり方を望む関係者（政府や教委）や父母も増えてきているように思えることを考えると、たとえ少数であっても油断できないことである。

第五節　スポーツと政治

現在、日本の軍国主義化や右傾化ということが問題的傾向として指摘されることが多くなってきている。考えてみれば、このような傾向は、わが国では戦後一貫してとられてきた方策だったのである。したがって、このような状況のなかで、体育・スポーツはこれまでどのような役割を果たしてきたかということを、吟味しなおす必要があるように思われる。最近の体育・スポーツ状況を思うと、戦後の平和で民主的な社会の建設に貢献してきた、などとはとうていいえそうにない。

さきの愛知の教育・体育の荒廃状況を見てもわかるように、体育・スポーツは戦後一貫して、日本の右傾化を直接的・間接的に支えてきたといっても過言ではないかのかもしれない（なおここで、教育・体育の荒廃は、何も愛知県だけではないことを断っておきたい。それは大なり小なり全国的な傾向であると私は思っている）。

体育・スポーツは、何よりも従順で、目上の命令には素直に従うような人間づくりに貢献してきたのである。体力を育てるといいながら、権威に盲目的に従わせるようなしつけ、

郵　便　は　が　き

料金受取人払

名古屋東局
承認

855

差出有効期間
平成31年
9月30日まで

＊有効期間を過ぎた場合は、お手数ですが切手をお貼りいただきますようお願いいたします。

461－8790

542

名古屋市東区泉一丁目 15-23-1103
ゆいぽおと
批判的スポーツ社会学の論理　係行

このたびは小社の書籍をご購入いただき、誠にありがとうございます。今後の参考にいたしますので、下記の質問にお答えいただきますようお願いいたします。

●この本を何でお知りになりましたか。
□書店で見て（書店名　　　　　　　　）
□ Web サイトで（サイト名　　　　　　　　）
□新聞、雑誌で（新聞、雑誌名　　　　　　　　）
□その他（　　　　　　　　）
●この本をご購入いただいた理由を教えてください。
□著者にひかれて　□テーマにひかれて
□タイトルにひかれて　□デザインにひかれて
□その他（　　　　　　　　）
●この本の価格はいかがですか。
□高い　□適当　□安い

批判的スポーツ社会学の論理

その神話と犯罪性をつく

◇◇

●この本のご感想、著者、編者へのメッセージなどをお書きください。

◇◇

お名前　　　　　　　　　　　性別　□男　□女　　年齢　　歳

ご住所　〒

TEL　　　　　　　　　　　　e-mail

ご職業

このはがきのコメントを出版目録やホームページなどに使用しても　可・　不可

ありがとうございました

ゆいぽおと通信

◆新しく誕生した本◆

批判的スポーツ社会学の論理
その神話と犯罪性をつく

影山　健　著
自由すぽーつ研究所　編

2017年10月

ISBN978-4-87758-467-2

仕様：四六判　並製　本文216ページ
定価：本体2000円＋税

体育嫌いにはワケがあった！

著者の影山健氏は愛知教育大学に勤めながら、管理主義教育に反対し、愛知の教育市民運動の草分けのリーダーであり、お祭り型の公共投資である愛知万博にも異議を申し立てた希有な研究者です。

そして、オリンピックそのものにも断固反対されていました。

二〇一六年六月に亡くなった影山健氏の論文を三人の弟子がまとめました。

◆おすすめのノンフィクション◆

ずっとそばにいるよ

天使になった航平

ISBN4-87758-404-8

横《よこ》幕《まく》真《ま》紀《き》

感動の涙のあとには、自分らしく生きる勇気が湧いてくる！

四歳で急性骨髄性白血病を発症。二歳の弟から骨髄移植し、笑顔で病気に立ち向かって逝った航平と、それを支えた家族、医療スタッフたちの３３５日のドキュメント。航平のおかあさんが、大学ノート十冊にも及ぶ日記を読み返してまとめました。二〇〇七年夏には、ＮＨＫ教育テレビ「みんな生きている」で、航平と家族の強い絆が「いつまでもいっしょだよ」と題して放送されました。

仕様：四六判　並製
口絵カラー４ページ＋本文３２８ページ
定価：本体１５００円＋税

○この本は今の私のオススメの一冊です。本当に感動しました。学校で読んで一人で泣いていました。航平くんの写真を見てかっこいい＆かわいい子だと思いました。航平くんはおもしろくて優しくて強くて本当にホレちゃいました。何度読んでも全然あきなくてもう毎日読んでいます。マジでこの本には感動と勇気をもらえます！（13歳女子中学生）

○私はこの本を読んで、一生懸命病気に立ち向かった航平君とそれを支えてあげていた親族、医療スタッフのみなさんに、命がどんなに大切か教えられました。私は中一の時イジメで苦しんでいて自殺をしようとしました。結局死ぬのが怖くて自殺を実行しませんでしたが、この本を読んで命の大切さがよくわかりました。私は今後、どんなに苦しい事があっても航平君のように一日一日を一生懸命に生きていきます！たくさんの感動、勇気をありがとう！（14歳女子中学生）

○僕は今、高校生ですが、将来医者になりたいと考えています。そんな時にこの本に出会いました。この本を読んでとても感動し、命の重さや一人一人の想いなどが伝わってきました。そして航平くんのような病気の子を助けていきたいと本気で思えるようになりました。この本に出会えて本当に良かったです。（16歳男子高校生）

◆おすすめのノンフィクション◆

仕様：四六判　並製　本文２８８ページ
定価：本体１２００円＋税

ISBN978-4-87758-457-

仕様：四六判　並製　本文１６８ページ
定価：本体１３００円＋税

ISBN978-4-87758-465-8

八年目の真実

ある医療裁判の軌跡

小早川《こばやかわ》　淳《じゅん》

医療事故の発生から提訴を経て
裁判が終結するまでの全過程

陣痛促進剤の過度な使用で生まれたひとつのいのち。家族の動揺、担当医師への不信感、さまざまなハードルを乗り越えて提訴を決意するまでが第一部。第二部では裁判の過程が詳細に描かれます。難しいといわれる医療裁判に、家族、弁護士、協力医が協働で立ち向かっていく姿には、清らかな救いが感じられます。

そして、いのちの意味も再認識することになります。

泣いて笑って食べた!

大腸がんステージ4を乗り越えて

髙野久美子

がんだって食べて働く

お菓子料理教室やカフェ運営で活躍中の著者は、十二年前、進行性大腸がんが見つかり、その後、肝臓転移、肺転移で五回の手術を乗り越え今に至ります。

入院生活を快適にする工夫、主治医との信頼関係のつくり方、手術に立ち向かうための気持ちの高め方、抗ガン剤治療を受けないという決断など、自らの体験を明るい筆致でまとめました。

身体にやさしくて美味しいレシピ22付き。

◆親子で楽しんでほしい本◆

一日おもしろ学校ごっこ

おもしろ学校職員室　編著

仕様：A5判　並製　本文264ページ
定価：本体1600円＋税
ISBN978-4-87758-440-5

小学生のときに、こんな授業を受けたかった！

十九年間かけてこつこつと四十三回を積み上げてきた「一日おもしろ学校ごっこ」の集大成。

身近な算数、てつがく、からだのはなし、けがのはなし、領土問題、歴史の法則、ものづくり、手品、原子力発電と暮らしなど、さまざまなテーマで、五人の達人が、とっておきの授業を紹介。子どもが一人で、親子で、学童で、こども会で、先生が教室で、おとなが一人で……さまざまな形で楽しめます。

ゆいぽおとでは、
ふつうの人が暮らしのなかで、
少し立ち止まって考えてみたくなることを大切にします。
テーマとなるのは、たとえば、いのち、自然、こども、歴史など。
長く読み継いでいってほしいこと、
いま残さなければ時代の谷間に消えていってしまうことを、
本というかたちをとおして読者に伝えていきます。

ゆいぽおと　http://www.yuiport.co.jp/
〒461-0001　名古屋市東区泉一丁目 15-23-1103
TEL052-955-8046　FAX052-955-8047
発売　KTC 中央出版［注文専用フリーダイヤル］
TEL0120-160377　FAX0120-886965

訓練に大きな役割を果たしてきた。ところでこれらの特性は、権力側にとっては、誠に都合のよい〝徳性〟なのであって、ただちにファシズムの担い手となる特性なのである。

その上、スポーツには「政治からの中立」という〝脱政治化〟のイデオロギーがある。もちろん、体育やスポーツへの政治の干渉を排除していくことは重要である。しかし、それと現在の体育・スポーツがある種の政治的役割を果たしていること、および体育・スポーツそれ自身ある種の政治性をもっていることを認識することは全く別のことなのである。

マルコムソン（注1）も述べているように、民衆のスポーツ・レクリエーションは、もともと娯楽であるとともに、反権力のための運動でもあった。しかし、産業社会の発展は、そのような民衆のスポーツを抑圧し、反権力の「牙」を取り除き、産業社会にふさわしい道具につくりかえていったのである。広い意味では「政治からの中立」も、そのような過程のなかでつくりあげられていった〝脱政治化〟のイデオロギーにほかならないのである。

現在、スポーツマンの多くは、そのような世界をプレイの世界といわば誤解して安住をむさぼっているのである。体育における「楽しさ」の教育もその一環でしかない。これもまた権力者側にとっては都合のよいことである。

おわりに

以上、現在の体育・スポーツは、直接的間接的に大きな政治的役割を果たしてきていることを述べてきた。軍事大国化や核戦争の脅威が現実味を帯びてきているとき、いやでもこうした政治的役割について考えざるを得なくなってきているのである。そのためには、体育論やスポーツ論それ自体の見直しが必要である。体育・スポーツの名において、多くの抑圧や差別、人権無視が行われているのである。したがって、体育・スポーツ論においても、抑圧─解放の視点、すなわち権力構造的視点をもっと取り入れた理論構築が必要なのである。その意味で、プレイ論それ自体の見直しも必要になってきている。

（注1）《参考文献》R. W. Malcolmson：Popular Recreations in English Society, 1700-1850, 1970

＊『体育科教育』一九八三年二月号所収／この論文を掲載した後、発行元の大修館書店に対し愛知県の校長会から、このような論文を載せるようなら二度と大修館の体育科教科書を愛知県では採択しない、と圧力がかかったといういわくつきのもの。

第五章　チャンピオンシップスポーツと学校体育

子どものスポーツが、これほど脚光をあびたことは、これまでなかったように思われる。小さな体操選手が現れはじめたと思っているうちに、水泳やフィギュアスケートなど他のスポーツの分野でも選手の低年齢化が目立つようになってきている。そこでここでは、チャンピオンシップスポーツとして、エリート養成の子どもスポーツを取り上げ、それと学校教育との関係を考えていくことにする。

第一節　問題の所在

わが国ではこれまで、一流選手養成の場は主として学校であった。それは、スポーツのできる場が学校しかなかったからである。しかし、最近の子ども競技選手の多くは、学校以外の場で養成されてきた人々である。そこに、最近の大きな変化と特徴があるといえよう。スポーツ選手養成の場は現在でも、まだその中心は学校であるといえるかもしれない。

たとえばスポーツ施設をみても、学校と比べると地域社会の保有する割合は非常に低い。しかし最近、十〜二十年の間に、学校以外の場において子どもたちのためのスポーツクラブがいろいろつくられてきたことはたしかである。リトルリーグをはじめ、スイミングスクール、サッカー教室、剣道教室、スポーツ少年団などがその代表的なものである。このような、大人による子どもの遊びの組織化それ自体、大きな問題をもっていることは明らかである。そこで、どうしてこのような組織化が進められるようになってきたのか、その社会的背景についての吟味が必要である。

その一つとして、昭和四十四年来の必修クラブの導入も、見逃し得ない要因であるように思われる。必修クラブの導入は、学校運動部の社会体育への移行という傾向を生んだからである。

地域社会においてつくられている子どものスポーツクラブの性格は多様である。その多様な発展が望ましいことはいうまでもない。また、現在のクラブの多くは、スポーツの普及を図るものであって、いわゆる体育的なクラブであるといってもよいかもしれない。そうなると、あまり変な口出しをしない方がよいことになる。しかし、これからのクラブは、社会の風潮をモロに受けやすい傾向をもっていることもたしかである。一般に、財政的にも制度的にも不安定で、それだけに政治的あるいは経済的操作のアミにかかりやすいといえる。また、これらのクラブを指導している人の多くは、体育の専門家でなく、有志――

その多くは以前のスポーツ選手――である。したがって、はなやかな競技スポーツの影響を受けて、これらのクラブが容易にスポーツ選手養成のための機関になってしまうことは十分考えられることである。そうでなければ、これだけ低年齢のうちから華々しく活躍するスポーツ選手が目立つことはなかったであろう。

ところで現在、これらのクラブが地域社会にどのくらい存在し、どのくらいの子どもたちがこれに参加しているのか、たしかな数字はわからない。以前、われわれが愛知県刈谷市の小学校六年生を対象にして調べた結果では、約十七パーセントの子どもがスポーツ関係のクラブ、教室に参加していた。学習塾や英語塾などとくらべると、それほど大きい数字ではなかった。しかし、ひとむかし前とくらべると、非常に違ってきた（増えてきた）ことは明らかである。

参考までに、アメリカについて見てみよう。最近読んだ本のなかに、アメリカの実情が述べられていた。それによると、学校のスポーツプログラムには約四百万人の子どもたちが参加しているのに対して、地域社会のそれには約千七百万人の子どもが参加しているという。この数字で見る限り、学校と比べて約四倍の人が、地域のスポーツクラブに参加していることになる。

アメリカでは、子どものスポーツ機関として、はじめ学校がその役割を担ったといわれている。それは二十世紀初頭のことであった。しかしその後、アスレチシズム（勝利至上主義）の傾向が強くなるのに伴って、学校スポーツに対する批判が生まれ、一九三〇年代以降、学校スポーツが縮小されていったという。そして、それに伴って、地域社会におけるスポーツの組織化が活発になっていった。このような歴史は、わが国における今後の動向を考える上で、一つの参考になろう。

わが国には学校運動部の長い伝統があるし、地域社会の性格もアメリカとは異なっている。したがって子どものスポーツ活動をめぐって学校と地域社会との関係が、アメリカのように全く逆転してしまうようになるかどうかは疑問である。しかし、先にも述べたように、わが国でも地域社会における組織的スポーツ活動の増大は、否定できないところである。そしてそれらが現代スポーツの傾向を反映して、エリートスポーツ化するとなると、いろいろ問題が生じてくる。

このような、地域社会における子ども〈アスレチック・クラブ〉の発達に対して、学校がどう対応していけばよいかが問題である。ある学校の先生は、リトルリーグが学校の指導を乱して困るとなげいている。それは、リトルリーグにおける行動規範と、学校のそれとの違いから生じた問題である。地域の子どもスポーツにおけるアスレチシズムが学校体育をおおい、その効果を半減させてしまうようなことにもなりかねないからである。したがって、そうなる前にこれについて十分検討し、有効な対策を考えることが重要である。ここに子どもスポーツと学校体育をめぐる今日的課題があるといえよう。

第二節　学校の対応（その一）——学校運動部の変革

大人によって組織され、管理された子どものグループそれ自体、多くの問題をもっていることはたしかである。あるスポーツ社会学者は、自然発生的な子どもの野球とリトルリーグを比較し、後者においては前者のもっていた多くの活動が大人たちによってカットされ、ただゲームをすることだけが子どもたちの手に残されているに過ぎないと述べている。それに伴って、多くの遊びの学習の機会が失われ、子どもたちの楽しみ（Fun）も半減してきたという。

このような子どもアスレチックのもつ問題は、これからもいっそう研究されなければならないだろう。それが、子どものスポーツクラブの発展のための有効な手だてとなることはいうまでもない。しかし、子ども〈アスレチック・クラブ〉に対する対応の問題は、学校運動部への対応ともかかわってくる。というのは、地域の〈アスレチック・クラブ〉と同様な傾向が運動部にも見られると考えられるからである。地域の〈アスレチック・クラブ〉は、学校運動部が内蔵していた問題を、非常にドラスティックな形で提示してきたといえよう。

これまで体育教師の多くは、運動部のあり方に対して徹底した検討なしに、あいまいな態度を保持してきたように思えてならない。

たとえば、体育の授業では〈みんなのスポーツ〉とか〈楽しみ〉を説く一方において、運動部の指導では〈試合に勝つこと〉を強調するか、またはそれを認めてきた。よく考えてみると、その間には大きなミゾがある。したがって、その間にあってアンビバレントな悩みや不安を抱くことは、若い体育教師や深く考える体育教師にとって、当然起こってくる問題であった。

ところで、運動部といっても、さまざまな性格のクラブがあり、一律には論じられないことはいうまでもない。しかしその一部にせよ、一方の極には、勝つことを唯一の目標にして生活の大部分をそれにあてているような、チャンピオンシップスポーツを追求するクラブがあることも事実である。

次にこのようなクラブのもっている問題点について考えてみよう。このようなクラブがもっている一般的な特徴は、まず第一に、〈勝つこと〉が最優先とされ、その目標の下にスポーツだけでなく生活の全般が律せられていることである。したがって、この規範に従えない人やそれにふさわしくない人は、どんなにそのスポーツが好きでも結局排除されてしまうことになる。

第二の特徴は、強固なタテ社会的な集団構造である。先輩―後輩の関係は、軍隊にたとえてみれば、士官―下士官―兵隊の関係である。そして集団の決定権は、ほとんど上級生やコーチによって握られている。どう考えてみても、民主的とはいえない集団構造になっている。これは、前述の活動目標およびそれから導き出された活動形式によって影響されているといってよい。

活動の内容は画一的なものであって、部員の仕事は、それをトレーニングによって獲得することである。変更の余地は少なく、変わったやり方は統制を乱すものとして排除される。社会学的用語を用いれば、文化が集団のあり方を規定しているということである。極端にいえば、集団（人間）のために文化があるのではなく、文化のために集団（人間）があるという関係である。

第三の特徴は、権威に従順な人間という部員の特性である。上述のような集団での生活は、当然権威に対して従順な人間をつくりだしやすい。この場合の権威は、決して合理的、普遍的なものではなく、伝統的で内集団的なものである。

これらの諸特徴を見る限り、どうも体育的とはいいがたい。というのは、このような運動部が、①みんなというより一部の人々の利益に奉仕し、②民主的というより前近代的な行動様式を育て、③主体的というより保守的な人間をつくりがちだからである。したがって、このような運動部のあり方に対して、変革を指導していくことは重要である。それなしには、地域の〈アスレチック・クラブ〉について批判したり、変革していくことはできないだろう。

ところで、変革を考える場合、どうしてこのような運動部が生まれてくるのか、その社会的背景についての究明が重要である。これについてくわしく述べる余裕はないが、運動部がいろいろな他の目的のための手段として利用されているという点が、最も重要な問題として指摘されよう。すなわち、学校の宣伝のためとか、子どもの非行防止など、学校運営のために利用され、ある種の「政治的」役割を果たしている。そして、それが「立派な人間をつくる」といった教育の名のもとに行われていることが、問題をいっそう複雑なものにしているといえよう。このような現象を、私は「非体育的手段化」と呼んでいる。

チャンピオンシップスポーツに対する学校教育としての対応は、このように、手近なところで学校運動部に対する対応をどうするかということにかかってくる。学校体育を取り巻く環境条件をよくしない限り、体育をより実りある豊かなものにしていくことはできないであろう。

しかし、運動部の改革は、体育とは何かということをいっそう明確にしてかかる必要がある。それなしには改革の筋道も定まらないということになる。したがって、チャンピオンシップスポーツに対する対応の第一のステップは、学校体育の改革ということになるかもしれない。

第三節　学校の対応（その二）――体育の変革

体育の目的は、「身体の教育」から「運動の教育」へと変わってきたといわれている。この背景には社会の変化がある。肉体的労働が主流を占めていた前期産業社会から、オートメ化など機械化のより進んだ後期産業社会になるにしたがって、「運動」の意識も変わってきた。それに伴って運動を手段とする考え方から、運動それ自体を学習するという考え方に変わってきている。

しかし、最近の情報産業の発達は、情報社会と呼ばれるような社会をつくり出してきている。情報の占める役割が大きくなり、それが高度に組織化されて、人々の生活のすみずみにまで広がってきている。ある場合には、情報により人々の欲望がつくられたり、必要の押し売りが行われたりしている。このような意味において、情報社会は管理社会でもある。このような社会においては、人間の自由ということや主体性ということが、いっそう重要になってきているということは明らかである。

体育において最近、スポーツ教育ということが主張されるようになってきている。この主張は、このような社会変化とは無関係ではない。人々は、単なる気晴らしや楽しみのための運動ではなく、より自由で主体的な運動を求める。ここにスポーツが求められてくる理由があるといえよう。

この場合のスポーツは、チャンピオンシップスポーツや大衆スポーツのような、体制内化したスポーツではないことは明らかである。求められるスポーツは、人間の自由に対する真剣な問いかけから出発したものであるからだ。したがって、より自律的なスポーツがその対象となってくる。私は、これを「市民スポーツ」と呼ぶことにしている。

市民スポーツは、高度化と大衆化の統合した形態でもある。ここでは、チャンピオンシップスポーツの中核をなす組織的競争スポーツにかわって、多様なスポーツが同等に評価されることになる。スポーツのために人々が求められるのではなく、多様な人々のしあわせのためにスポーツが求められるからである。

おわりに

以上、これからの体育のあり方として、市民スポーツを中核とするような、スポーツ教育の重要性を述べてきた。問題は、このような方向性をどのように具体化するかである。具体的には、体育の内容や方法、制度をどうするかということになってくる。その点で当然、従来の体育制度の見直しが必要になってくる。内容や方法を制度に合わせるのではなくて、制度ぐるみ考え直すことが必要になってきている。

チャンピオンシップスポーツに対する対応は、結局、学校体育をどう方向づけるかという問題になってきた。したがって、地域社会における子ども〈アスレチック・クラブ〉の発達は、学校体育を考え直すキッカケを提供していることになる。そのキッカケをどう生かすかはわれわれの問題である。体育の再検討をとおして学校運動部の見直しが必要となり、また地域クラブの健全な発展に対する寄与が期待できることになるかもしれない。今日のわれわれにとっては、それがぜひ必要である。

（『学校体育』一九八一年一月号　学校体育社）

第六章　協働的ゲームについて――ある実験結果の紹介

現在、いろいろな意味から、子どもたちの〃遊び〃の重要性が指摘されています。そして、最近の子どもたちは、みんなで〃遊べない〃とか〃遊ばない〃ということが、よくいわれています。

しかし、このことが本当に事実なのかどうか、確かめが必要だと思います。それと同時に、いまの子どもたちに〃遊びがない！〃からといって、ただやたらと遊ばせればよいというものではないと思います。どんな遊びを、どのように与えるかということが大切だと思います。いろいろな本を見ると、遊ばせればそれでよいのだとか、運動させればそれでよいのだとしか考えていないようなものも少なくありません。そこで、ここでは、その点を考える上でたいへん参考になると思われる、一つの実験結果を中心に紹介してみたいと思います。それは、幼稚園の子どもたちに、協働的ゲームを指導した結果、ゲームを離れた場所において、どのような結果が現れたかということを実験的に調べたものです。

第一節　協働的ゲーム・スポーツについて

協働的ゲーム・スポーツ（Cooperative Games and Sports）は、主としてカナダのT・オーリックたちによって考案され、推進されている運動です。

従来のゲームやスポーツは、競争が中心で、誰もそのことをあまり疑いもしませんでした。この遊びは、いわば〝誰が最後まで生き残れるか〟を楽しむもので、〝勝者の喜びの総和＝敗者の悲しみの総和〟という等式の上に成り立っているのです。しかし、遊びやゲームは、競争的なものだけではありません。遊びやゲームのなかには、〝みんなが力を合わせること〟を楽しむものもたくさんあるのです。とりわけ、かつて「未開民族」といわれていた人たちの遊びや、昔の民衆の娯楽のなかには、そうした例がたくさん見られます。そうした貴重な〝文化〟がだんだんと影が薄くなってきているのです。

そこで、オーリックたちは、ゲームのなかで、あるいはゲームを離れたところで、子どもたちの協働的な行動を増やすことを目的として、協働的ゲーム運動をはじめたのです。その背景には、子どもたちが将来、いろいろな人間的および物質的な資源を、お互いに分かち合えるような人間になってほしいという彼らの願いがこめられているのです。

競争ではなく、みんなが力を合わせることを楽しむような遊びやゲームはたくさん考えられます。たとえば、その代表的な例として、「お山のたいしょう」を考えてみましょう。

このゲームの従来の遊び方は、他の人をけおとして誰がいちばん長く〝お山のたいしょう〟になっていられるかというものでした。しかし、この遊びには、同時に何人が〝お山のたいしょう〟になっていられるかという別の遊び方が考えられるのです。ここでは、他人を〝けおとす〟のではなく、〝力を合わせる〟ことが重要になってきます。

オーリックは、協働的ゲームの特徴を次のように要約しています。すなわち、協働的ゲームとは「人々がお互いに敵対するためではなく、むしろお互いに協働することを楽しむものである。それは、チャレンジに打ち勝つためにプレイするのであって、他の人に打ち勝つためにプレイするゲームではないということを意味している。その点で、協働的ゲームは、ゲームの構造上からいって、プレイすることそれ自身を楽しむことができるものである」と。そして、協働的ゲームで大事なことは、協働の楽しい経験と、みんなに受け入れられているという感情、および全面的な参加の三つである、と述べています。

なお、オーリックは、遊びやゲームを分析するのに、その手段と目的を、競争か協働かという視点からとらえることの有効性も指摘しています。そして、ほとんどすべてのゲームは、次の五つの分類のなかのどれかに含まれるとしています。

①競争的な手段―競争的な目的
②協働的な手段―競争的な目的
③個人的な手段―個人的な目的

④協働的な手段─個人的な目的
⑤協働的な手段─協働的な目的

けれども、この五つの分類の中で、⑤の「協働的な手段」と「協働的な目的」の両方を含むようなゲームは、現在の社会においては、本当にまれです。オーリックが考案し、推進しようとしているのが、この⑤を中心にしていることはいうまでもありません。

第二節　T・オーリックたちによる協働的ゲームに関する実験──ねらいと方法

⑴　実験のねらい

この実験は、幼稚園の子どもたちに協働的ゲームを指導することによって、どのような効果があるかを明らかにしようとしたものです。具体的にいうと、協働的ゲームを行うことによってゲームを離れた場所においても子どもたちの協働的な行動を増やすことができるかどうか、ということを調べようとしたものです。ゲームを離れた場所としては、教室での自由時間内の行動がとりあげられました。

⑵　実験の対象

実験のために、カナダのある小学校の幼年部の四つのクラスが選ばれました。それは、午前中のクラスが二クラス、午後のクラスが二クラスで、それぞれ一クラスずつ「実験グループ」と「対照グループ」とにあてられました。対象となった子どもの数は次のとおりです。

午前中のクラス……… 実験グループⅠ　二十四人 / 対照グループⅡ　二十五人

午後のクラス　……… 実験グループⅠ　十九人 / 対照グループⅡ　十九人

子どもの数を合計すると、実験グループが全部で四十三人、対照グループは四十四人でした。

(3)　実験の方法

それぞれのクラスに、一週間に二回、ゲームの時間が設けられました。一回の時間は三十~四十分です。そして、それが十八週間続けられました。しかし、実験グループと対照グループでは授業の内容が次のように異なっていました。

●実験グループ（Ⅰ、Ⅱ）……協働的ゲームだけを行う。

●対照グループ（Ⅰ、Ⅱ）……たいていの体育指導書に書いてあるような、伝統的で競争的なゲームや個人的な運動種目を行う。

もちろん、子どもたちには、何も知らされませんでした。そして、ゲームの指導は、次のように行われました。

前半八週間

・指導者……対象となった学校には勤めていない、よその小学校の先生

・指導………（午前）
　実験グループⅠ
　対照グループⅠ
（午後）
　実験グループⅡ
　対照グループⅡ

同一指導者が、同じ遊び道具を使って、同じ場所で

後半十週間

・指導者……対象となった学校に勤めている担任の先生

・指導………前半と同じ

なお、実験グループで行われた協働的ゲームは、主に次のような種類のゲーム（敗者のないゲーム）でした。代表的なものを二、三挙げておきます。

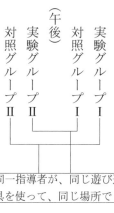

① Cooperative Musical Chairs（協働的椅子とりゲーム）
② Turtle（カメさん遊び）………何人かの子どもがマットの下にもぐり、それをカメの甲にして体育館の中を動き回る。
③ Caterpillar Over the Mountain（大キャタピラー遊び）………みんな四つばいになり、前の人の足首をつかむ。このようにして大キャタピラーをつくり、それでマットの山を越えたりして遊ぶ。
④ Beach Ball Balance（ビーチボールはこび）………ビーチボールを、二人が手以外の体の部位ではさみ（たとえば、おでことおでこ）、ボールを落とさないようにして障害物を越えたりして遊ぶ。
⑤ Numbers and Letters Together（人文字つくり）………二、三人が一緒になって、自分たちの体を使って、指定された文字や数字を床の上にえがく。

⑷　十八週間後の自由時間内における協働的行動の観察手順

ゲームが実施された十八週間後に、実験と対照の両グループ間にどのような違いがあったかを見るために、教室での自由時間（約三十分間）において、協働的行動の発生にどのような変化があったかを調べました。調査の方法としては、観察の手法が用いられましたが、観察では次の二つの方法が用いられました。

①個人観察

自由時間に遊んでいる約二十人の子どものなかから任意に一人を選び、十秒間観察します。その十秒間に、もし一回でも協働的な行動（後述）が見られたら、手元の名簿の名前の横にＩ（協働的な相互行為の意）と記録します。また、一回も協働的な行動が見られなかったら、Ｎと記録します。そして十秒ずつ、二番目、三番目……と全部の子どもを観察し終わったら、また一番目の子どもにもどり、観察の時間が終わるまで、周期的に観察を続けます。観察が完了したら、Ｉの頻度を数えます。

なお、この個人観察は、十八週間のゲーム指導が導入される前にも行われています。そして、各グループ間には、協働的行動の発生においてほとんど違いがなかったことが確かめられています。

②グループ観察

これは、二人の観察者のなかの一人が教室の右半分に注目し、他の一人は左半分に注目して観察します。観察時間中、そこで協働的な行動が行われたときには、その活動に関係した子どもの数と活動の内容を即座に記録します。たとえば、「六人の子どもがベンチで遊ぶ」といった具合に、です。そして観察は、それぞれのクラスが約百分ずつ行われました。

なお、観察はその信頼性を高めるため、常に複数の観察者によって行われています。主任観察者と副観察者がそれです。観察者が複数になると、当然観察上のくい違いということが生じてきますから、事前の訓練によって、それが生じないよう是正されたことはいうまでもありません。最初から、あまり食い違いはなかったと報告されていますが、十五回のチェックの結果、見解の一致度が平均して九十七パーセントにも達したと述べられています。

また、すべての観察者は、いま自分の観察しているグループが、実験、対照のどちらのグループであるのか、全く知らされていませんでした。このような手順からみても、この観察の結果は、十分に客観的で信頼のおけるものであるといってよいと思います。

（注）協働的行動とは

オーリックによると、協働的な相互作用というのは、他の子どもに向けられた行動の中で共有するとか、交互にするとか、双務的にするとか、あるいは援助的性格を含んだ行動を意味しています。そして、具体的には次のような行動であると述べられています。

a　協力し合って作業する行動

b　協働的なごく自然な触れあい（手をつなぐ、腕を組む、助けて起き上がらせるなど）

c　言葉の上での協働（言葉で教えたり、励ましたりする）

第三節　実験の結果

(1)　個人観察の結果

一人に十秒間ずつの観察を行い、全部でどのくらいの数の協働的行動が行われたかを調

表1 個人観察の結果

項目 ＼ グループ	実験前 10秒観察ののべ数（人）	実験前 協働的行動の発生割合（%）	18週間の指導後 10秒観察ののべ数（人）	18週間の指導後 協働的行動の発生割合（%）
実験グループⅠ	162	11.1	215	14.8
対照グループⅠ	177	10.3	170	12.3
実験グループⅡ	131	9.9	185	16.2
対照グループⅡ	142	10.2	200	11.3
実験グループⅠ&Ⅱ	293	10.5	400	15.5
対照グループⅠ&Ⅱ	419	10.2	370	11.3

図1 個人観察による協働的行動発生割合

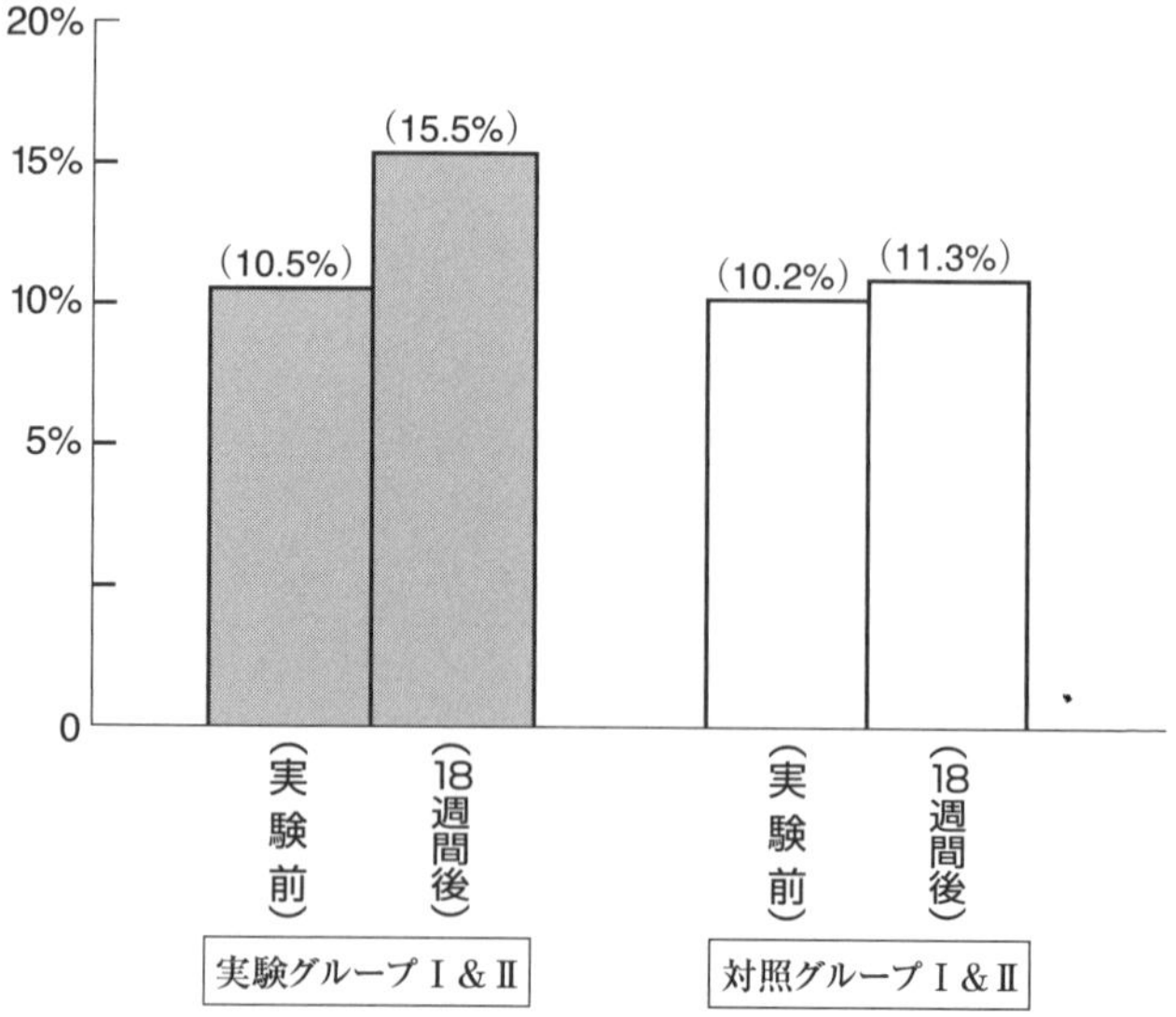

べたものが、表1と図1です。これで見てもわかりますように、実験の前の協働的行動の発生率は、実験グループが十・五パーセント、対照グループが十・二パーセントとほとんど

差がありませんでした。しかし、十八週間のゲーム指導後の観察では、実験グループでは、十・五パーセント→十五・五パーセントと五パーセントの増加が見られたのに対して、対照グループでは十・二パーセント→十一・三パーセントと一・一パーセントの増加が示されたに過ぎませんでした。

(2)　グループ観察の結果

各グループのなかで、単位時間内にどのくらいの数の協働的行動が発生したかを調べた結果は表2のとおりです。これによりますと、実験グループは、二百分間に百四十二回（百分間に七十一回）の協働的行動が見られたのに対して、対照グループでは九十七回（百分間に四十八・五回）でした。明らかに実験グループの方が、ゲームを離れたところでも協働的行動がより多く発現したことになります。このことは、さきの個人観察の結果とも一致していますので、かなりの確かさで協働的ゲームの効果は、他の行動場面にも転移すると結論づけてもよいと思われます。

第四節　この実験から学ぶこと

この実験には、いろいろ問題のあることもたしかです。分析が〝量〟中心で、質的側面

表2 グループ観察の結果

項目 ＼ グループ	観察時間（分）	協働的行動の発生回数（回）	協働的行動発生1回あたり時間（1/秒）
実験グループⅠ	110	85	1/78
対照グループⅠ	100	47	1/128
実験グループⅡ	90	57	1/95
対照グループⅡ	100	50	1/120
実験グループⅠ&Ⅱ	200	142	1/85
対照グループⅠ&Ⅱ	200	97	1/124

図2 グループ内における協働的行動の発生回数

（100分あたり）

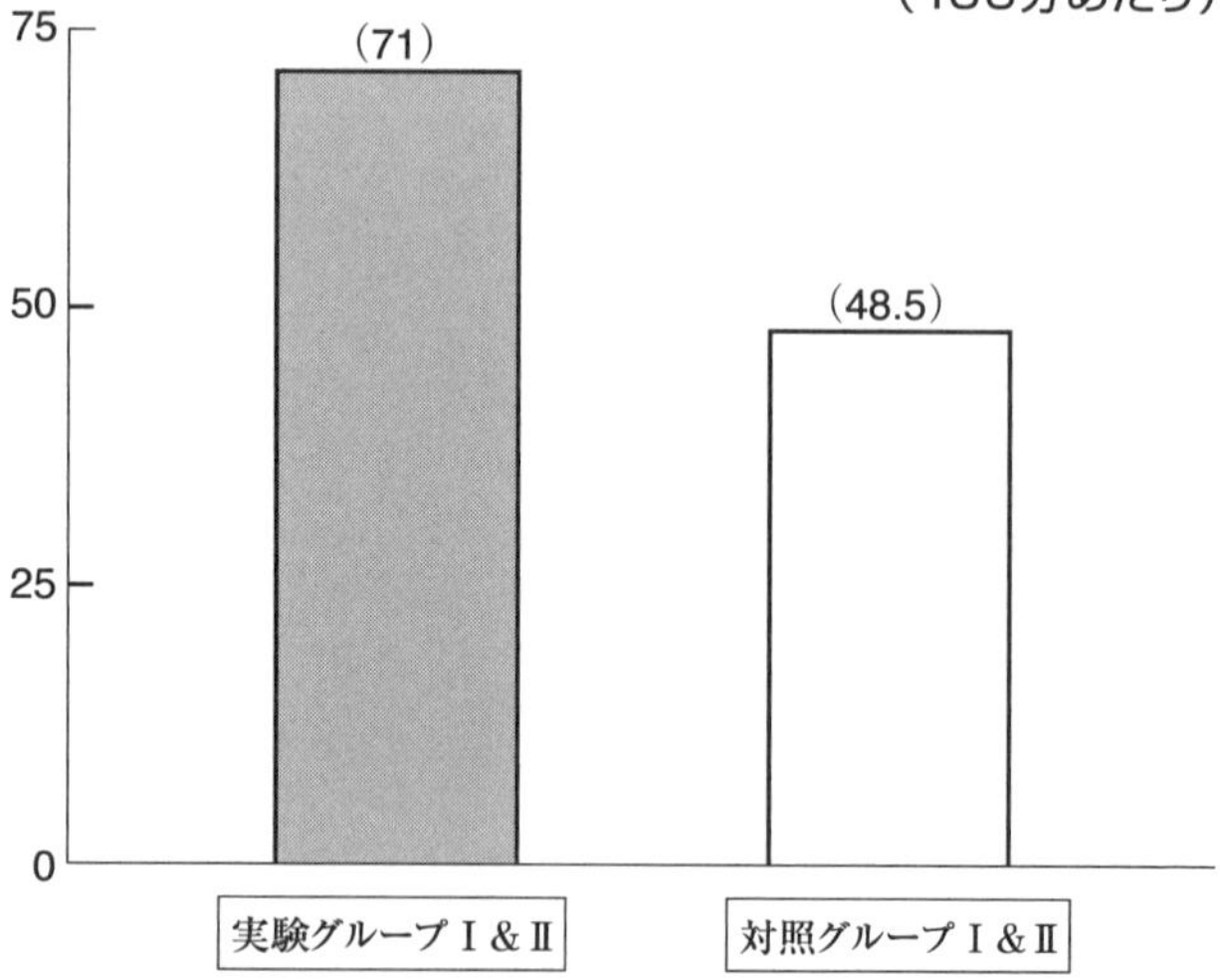

についてあまり分析されていない点が、とりわけ疑問として残ります。たとえば、ボールを相手にパスする行動でも、いろいろ違った意味をもっており、それは全体構造との関連

のなかではじめて理解できるものです。

オーリックたちは、このような質的側面について、全く注意していないわけではありません。子どもたちの言葉や会話に配慮したり、あるいは先生から子どもたちの行動の変化について報告をもらったりしています。ある先生からの報告によると、すでに八週間の指導後に、クラスの雰囲気が全く変わったと述べられていました。しかしいずれにせよ、このような質的側面について、どのような手法で分析していけばよいかは今後の大きな課題として残されているといってよいでしょう。

けれども、この実験から学ぶ点もたくさんあると思います。その一つは、一般によくいわれる社会性の発達ということに関してです。社会性は、一般に子どもの遊びをとおして形成されるといわれています。しかし、ここではまず最初に、社会性とは何かとか、どんな社会性を期待するのか、ということが問われなければならないでしょう。そしてその中心が、オーリックがいうような協働的行動であるとするならば、現代社会においては残念ながら、それを育てるための何らかの手だてが必要になってきます。オーリックたちの実験は、そのことを教えてくれていると思います。日本のような競争社会、競争文化のなかでは、遊びイコール社会性の発達といった等式は、もう成り立たなくなってきているといってよいでしょう。

もう一つは、このような実験の手法についてです。このような実験が日本でも強く期待されているばかりでなく、実験の手法が比較的容易だと思われましたので、ここでもオーリックたちが行った実験の方法についてかなり詳しく紹介しました。日本の子どもたちは、他の国の子どもたちと較べて、たいへん競争指向的であるといわれています。ゲームで、自分の記録が教えられただけではあまり熱中しないのに、ひとたび他の人の記録が教えられると、熱中し記録も向上したという実験報告もあります。このことは、日本人はゲームやプレイそれ自身を楽しむということがあまり得意ではないということを意味しています。このような性格の子どもたちに、協働的ゲームは果たして通用するのでしょうか。また、どのようなインパクトを与えるのでしょうか。カナダでの実験以上に、日本での実験に興味がもたれるゆえんです。

参考文献
T.D.Orlick et al;"Cooperative Games Systematic Analysis and Cooperative Impact" in F.L.Smoll&R.E.Smith ed. PSYCHOLOGICAL PERSPECTIVES IN YOUTH SPORTS. Hemisphere ub.Co.1978

(『月刊高校生』一九八五年七月号所収の論稿に加筆訂正　高校出版)

■研究があり、実践がある。その高いレベルでの両立をいまこそ学ぶべき

山本芳幹

◆「体育＝軍事教練」という図式を覆したい——その思いが運動の力に

一九八二年か八三年頃だったと記憶しているが、影山先生に連れられて竹之下休蔵先生のご自宅を訪問したことがある。竹之下先生は影山先生の東京教育大学時代の恩師であり、日本の体育社会学・スポーツ社会学の基礎を築かれた方だ。

明治期以降、富国強兵への道をひたすら走り続けた日本において、「体育（体操）」という教科が「軍国主義教育」の先兵としての役割を果たしてきたことは、多くの人が認めるところだろう。竹之下先生は敗戦を機に、そうした日本のこれまでの学校体育のあり方を根本から変えようと尽力された方だ。敗戦後、文部省視学官として学校体育における民主主義をどのように実現していくかに大きな功績を残し、文部省から大学へと籍を移してからは体育の研究者・教育者として「プレイ論」「グループ学習」などをキーワードとした理論的・実践的な研究を深めていった。

そんな竹之下先生に対し、影山先生は名古屋五輪反対の市民運動への参加を通して得た経験、その成果などについて熱く語られていたことを、いまでもよく覚えている。オリンピック反対の市民運動には、経済学や行政学等の研究者から、独立労組や環境問題や障害者差別、安全な食、反貧困、管理教育批判など多様な活動に取り組む市民団体など、本当に幅広い領域にかかわる人たちが参加していた。市民運動のそんな盛り上がりに背を向けるように、自民党、民社党から社会党、共産党に至るまでの既成政党から行政、労働組合までの既成勢力はこぞって五輪招致に前のめりになっていった。

お互いの既得権益の確保に縛られる既成勢力に対して、そうしたしがらみがなく、それぞれが活動し、生きる場で声を上げる市民運動を進める人たちとの出会いは、影山先生にとっても、とても新鮮だったのではないか、といまさらながらに思い返される。

そんな思いを熱く語られる影山先生に対し、竹之下先生は実に楽しそうに「うんうん」とうなずきながら話を聞いておられた。影山先生は、「一九八八年のオリンピックがソウルに決まり、名古屋で反対運動を進めていた人たちのなかには『名古屋での開催を返上に追い込んだのは、市民運動の成果だ』と喜ぶ人たちもいたが、私自身はそうは思わない。現在の強権体制下の韓国での五輪開催は、国内の人権弾圧をより進める可能性もある。だから、私たちの『AOC（反オリンピック研究会議）』の活動を今後も進めていきたい」というような内容を語られていた。それに対して竹之下先生は、「それは、AOCじゃなくて『あーおしー』だったな」とニコニコ笑いながら話を聞いておられた。

そのときには、愛知県の新設高校を中心に「集団行動訓練」が全校生徒に強制されるなど、管理教育を推進するにあたって「体育科教員」が大きな役割を果たしているという話題も出ていた。影山先生にとっては、オリンピックの問題と共に「愛知の管理教育」としてその後に全国的にも注目されるようになる、愛知県の学校教育の現場で行われていた問題は、体育研究者としてどうしても見逃せないものであったと思われる。

竹之下先生は一九〇九年生まれ。そして影山先生は、一九三〇年生まれ。お二人ともに戦争の惨禍がどんなものであるかを肌で知り、学校教育のなかでの「体育活動」がファシズムの完遂にいかに大きな役割を果たしていったかについて、その裏側の論理まで含めて熟知しておられたと思われる。それだけに影山先生は、決して外部からの無責任な批判者としてではなく、あくまで体育の研究者という立場に立ち、自らの問題として積極的に引き受け、問題を追求していった。「反オリンピック」を掲げた市民運動での活動は、影山先生の「体育研究者」としての信念、そして矜持がその支えになっていったのではないかと思っている。

◆幅広い市民との交流が、スポーツそのものを問い直す契機に

影山先生が、スポーツのあり方についての問題意識を強くもつようになった背景については、本章に掲載されている「スポーツに未来はあるか」という論文にもしっかりと述べられている。名古屋オリンピック招致に反対する運動に参加するようになるなかで、あらためて「スポーツが嫌い」と語る人の多さに驚き、その背景についてスポーツ研究者の立場から追求を進めていった。

日本においては、昭和初期から国内での軍国主義的な風潮が強くなるにしたがって、スポーツは英米がもたらした敵性文化であり、日本の学校教育、軍事教育などには適さないものといわれることが多くなってきたとされている。野球が敵性文化として排除の対象になったり、学校教育のなかでも多くのスポーツ活動は排除されるようになったりしてきた。学校で行われる体育活動としては、軍事教練まがいのものであったり、体育学者である大谷武一が積極的に普及を進めた「正常歩」運動のように、足並みをそろえてひたすら軍事行進を繰り返すような体育活動が奨励されたりした。

そうした戦前までの体育教育についての経験から、戦後になって「体育」はより国家主義的な性向が強く打ち出されるものとなり、それに対して「スポーツ」はより「自由」で「民主的」な文化として見る考え方も出てきた。特に、昭和三十年代頃からの高度経済成長政策が国の教育政策にもしっかり根を下ろし、体育界においても復古主義的な傾向が強くなっ

てくるようになるなかで、「スポーツ活動」があえて「体育活動」と呼ばれるようになるといった現象が見られるようになっていった。

そうした日本独特の捉え方が進むなかで、「スポーツ」は「民主的な文化活動」と捉える考え方もしっかりと根づいていったように思われる。スポーツは人々が生活を楽しむための大切な文化であり、その享受を一部の特権階級のみが独占していくものではない。すべての人たちが健康で文化的な生活を実現するための大切なツールとしてスポーツを捉え、スポーツ文化を万民が享受できるように社会的な条件整備を進めようという「社会権としてのスポーツ＝スポーツ権」という考え方が、特に欧州を中心に強く叫ばれるようになってきていた。

世界的には非常に大きな広がりを見せていった「スポーツ権」だが、日本の体育関係者の多くはあまり好意的には受け止めていなかった。ゴリゴリの保守主義の考え方にどっぷり染まっていた体育関係者が主流を占めているなかでは、「ナントカ権」とつくだけで、「そんなことをいうヤツはアカだ」とレッテルを貼られ、「何でも権利、権利と口走るばかりで、自分の義務をちっとも果たそうとしない」というような体育関係者が幅をきかせていた。そんな日本の体育界のなかでは、「スポーツ権論」にきちんと向き合うかどうかは、体育・スポーツの研究者として〝民主的、良心的〟であるかのメルクマールともなっていた。

しかし、「スポーツ権論」を普及させる上で大前提となるべき論理がある。それは、「スポーツは、すべての人が享受すべき大切な文化である」というものだ。さまざまな歴史を振り返り、また世界各地の多様な人々の生活を見ていけば、それぞれの文化のなかで身体を使って行われる多様な活動を見いだすことができる。それらを「スポーツ」というカテゴリーでくくり、現在のスポーツは人類が発展してきた文化的な成果として捉えられるべきものだとする。

日本の場合、話をややこしくしているのが、戦時中の国粋主義的なうねりが激しくなるなかで、「スポーツ」が「敵性文化」として扱われ、排除されたという歴史をもっていることだ。そのため、「体育」ではなく「スポーツ」を普及させていくこと自体が民主主義的な文化運動になる、という「錯視」すら生まれてきた。

そんな「特殊日本的」な土壌の下でありながらも、世界的にスポーツについて社会科学的な視点で研究していこうという流れが強くなっていくなかで、日本の体育社会学の研究者たちも国際的な学術交流を進め、スポーツについて客観的な目で眺めていこうとしていた。影山先生もスポーツ社会学の国際的な学術組織で、日本の研究者を代表して委員を務めていた。

しかし、そんな影山先生にとって、名古屋での幅広い市民との交流は、とても大きな転機になったのではないだろうか。

実をいえば、名古屋オリンピックの反対運動についても、先生は、当初は少し距離を置き、どのように向き合うか慎重に見極めようとしていた。しかし、実際に幅広い立場の人たちとの対話を重ね、市民生活について、環境問題について、学校教育の現状について、そしてスポーツについての多くの人たちの思いや考えに耳を傾けていくなかで、確実に何かが変わっていったと思われる。

「オリンピックなんてごめんだ！」という人の声に耳を傾けていくなかで、それまで体育・スポーツの専門家・研究者として、「権利としてのスポーツ」あるいは「みんなのスポーツ」というテーマで追いかけてきたスキームが崩れ去っていくような思いがしたのではなかろうか。

人々の生活をより豊かにするものとして捉えてきた体育・スポーツが、ある人々にとってはとても苦痛なものとなり、忌避すべきものとして捉えられている。しかも、そう感じている人たちは、自分たちがこれまで考えていた以上にたくさんいるのではあるまいか。そんな思いが「スポーツに未来はあるか」という小論には込められていると感じられる。

◆「スポーツ」から「トロプス」へ──現実を変えていく実践的な運動を進める

オリンピックに代表されるエリート中心の競技スポーツを頂点として仰ぎ見る「大衆スポーツ」ではなく、それとは別の原理によって成立する「市民スポーツ」という概念を打ち立て、それを基軸にした新たな「スポーツ権」の考え方を広げていきたい。それが、「反名古屋オリンピック市民運動」を経た影山先生の、大きな目標になっていった。

「チャンピオンシップスポーツと学校教育」と題された『学校体育』誌に掲載された小論では、学校だけでなく地域のスポーツクラブにまで広がる「子どもの自発的な遊びに対するチャンピオンシップスポーツからの再編」という動きに、はっきりとした警鐘を鳴らしている。

この論文のなかで繰り返し述べられているのは、「子どもスポーツ」の現場がチャンピオンシップスポーツの選手養成の末端組織となりつつある現状への警鐘であり、学校の運動部もまたチャンピオンシップスポーツの論理に絡み取られていくことへの問題提起だ。子どももスポーツの現場にチャンピオンシップスポーツの論理が強力に押しつけられていくなかで、子どもたちが失っていくものが確実にある。そして、学校の運動部にあってもチャンピオンシップスポーツの論理に覆い尽くされていくなかでの弊害の多さにも警鐘を鳴らす。

この文章自体は、一九八〇年、すなわちいまから約四十年も前に書かれたものだが、内容的にはまったく古さを感じさせない。というより、四十年前から今日まで子どものスポーツを取り巻く環境があまり変わっていないどころか、状況はむしろひどくなっていることがとても残念に感じられる。

こうした現状に対し、それを変えていく契機になる考え方として注目していったのが、第六章で紹介されている「協働的ゲーム」である。これまで競争を基軸として形成されてきた近代スポーツを、あえて「協働」という対抗価値をぶつけていくことで、現実の権力関係を変革していく契機になるのではと考えた。

「協働的ゲーム」の発案者であるテリー・オーリックは、スポーツ心理学の専門家で、カナダのナショナル体操チームのコーチも務めていた人だ。決して、競技スポーツについて否定したり、批判したりした人ではない。ただ、子どもの健全な発育・発達を進めるためには、北米社会で一般的になっている「行き過ぎた競争環境」は大きなマイナス要因になっている。そのため、「競争」ではなく「協働」を軸にした子ども向けゲームを提供し、チームがお互いに協力しあい、助け合う力を育てることが将来の競技力向上にも役立つだろうというような文脈で「協働的ゲーム」を考案し、提案していった。

そうした点では、オーリックのスポーツに対する考え方と、影山先生のそれとはずいぶんかけ離れているものだといえるだろう。しかし影山先生としては、オーリックの論は「スポーツ神話」を覆していく一つの材料として使えると考えた。すなわち、スポーツにとって「競争」は不可欠なものであり、競争をスポーツ文化の中心に据えなければスポーツとしての魅力は失われてしまうという、スポーツをめぐる「神話」を相対化する貴重な例になるということだ。

そして、影山先生を中心に、その教え子であるＡＯＣのメンバーたちが集まり、新しい市民運動としての「トロプス研究会」が創設された。「トロプス」とは「ＴＲＯＰＳ」。すなわち「SPORT」のスペルを逆さまにしたものだ。「競い合う」のではなく「共に支え合い、助け合う」ことに価値を置く。整備された立派な競技場が舞台になるのではなく、豊かな自然の下で集い、楽しむ。都市型の産業的な文化ではなく、土着的な価値を尊ぶ伝統的文化を大切にする。オリンピックに代表される「産業」としての競争スポーツではなく、より「土着的」であり、「反産業的」な新しい文化を創造していく。そんな思いが「TROPS」というネーミングには込められていた。

◆思索と実践——相容れがたいその両者を共に生かす

「トロプス」という題材を使い、一種の「文化運動」として実践を深めていこうとしていたのは、基本的にはその時代にあって人々の生活を規定していこうという時代が生み出す「権力」を見すえ、われわれなりに時代の問題点を確かめた上で、時代のあり方を変えていこうと考えたからであったと思う。

「トロプス」だけでなく、全国に悪名を響かせた「愛知の管理教育」を告発し、変えていこうという市民運動＝「岡崎の教育を考える市民の会」に大きな力を注ぎ、さらには愛知万博反対の市民運動（これは愛知県知事選の知事候補として立候補する）などまで東奔西走しながらも、影山先生はあくまで体育・スポーツ社会学の研究者であり続けると共に、私たち教え子にとっても常に学びの対象となる大切な教師でもあった。

オリンピックをはじめとする高度化し産業化する競技スポーツの現在を知るためには、イバン・イリイチが展開した産業社会批判の論理は大切なヒントになっていた。また、愛知の管理教育批判についての考察を深めていくためには、ミシェル・フーコーが示した「ディシプリン（規律・訓練）」の視点が大切なメルクマールとなっていった。また、フランスのスポーツ理論家であり、反五輪運動の先鋭的な実践家でもあったジャン＝マリー・ブロムの著作を早くから入手し、ブロムたちが発行する反五輪運動の機関誌なども揃えていた。ブロムの論と格闘するなかで、私たちも自然にルイ・アルチュセールの論について学び、国家のイデオロギー装置としてのオリンピックやスポーツについての考察を深めていった。

フーコー、イリイチ、アルチュセール、さらにはブルデューなどの世界的に著名な思想家・研究者の論を足がかりとしながら、自分たちが生きている世界の現実をどう捉え、どう変えていくか、格闘する。そんな学びのスタイルが影山研究室では、当たり前のこととして行われていたと記憶している。「本ばかり読んでいたってダメだ。あくまで現実に起きていることにしっかり目を向けることが大切。そして目の前の現実をしっかりと見つめ、それを理解しようとすれば自然により多くのことが学びたくなるはずだ」。そんなことを、私たち教え子は早くから叩き込まれていたような気がする。

大学から遠く離れ、今ではすっかりアカデミズムの世界からは離れている私だが、それでも時々はスポーツ社会学の学会誌や研究誌などに目を通したりすることもある。しかし、そんな私の目から見て、影山先生がこうした研究の状況を見たら、ひとこと意見をいいたくなるだろうな、という論文を見つけることがある。

たとえば、フーコー派の社会学者として世界的にも注目されているニコラス・ローズの「アドバンスト・リベラリズム」論をスポーツの場面に援用し、イギリスにおける新自由主義的なスポーツ政策について批判的な検討を行ったとされる論文があった。これはローズの論を援用したイギリスのスポーツ社会学者の論を紹介しただけの内容だったが、地域におけるスポーツ振興政策の新自由主義的な展開がどのような問題をもたらすかを考える上で参考になる論文として注目していた。なぜかといえば、日本においても二十一世紀の初頭頃から「総合型地域スポーツクラブ」の育成を図るという政策が積極的に推し進められてきており、「第三の道」として展開された新自由主義的な政策の問題点が、そのまま日本にも当てはめて考えることができると思われたからだ。

しかしながら、日本のスポーツ社会学研究のなかからは、なぜか日本の国内でのスポーツ政策についての突っ込んだ内容での批判的な検討を扱った論文にはなかなかお目にかかることができない。ミシェル・フーコーやピエール・ブルデュー、ノルベルト・エリアスといった世界的にもビッグネームといえる思想家がスポーツについて語ったというと、群がるように論文の題材にする。しかし、そうしたビッグネームの思想家たちの論は、現代社会の非常に深い場所を対象とした思索だ。本気でそうした思想家の考えを体育やスポーツのシーンで援用して使おうとするならば、かなり踏み込んだラジカルな批判となり、政策提言となっていくはずである。

しかし、フーコーの生権力論を援用し、ラジカルな健康政策批判を展開するといった論文にお目にかかることは少ない。そうしたラジカルな視点での批判的な検討を進めるためには、実際に出来事が進んでいる現場を自身の目で確かめる努力が必要である一方で、目の前の現実をより深く掘り下げて考え、表面的には目に見えない部分にまで思索を掘り下げていく姿勢が大切になる。

「思索」と「実践」。なかなか相容れがたいその両者を、常人にはなかなか真似ることができない、とても高いレベルで結びつけていったのが影山先生の御仕事であったと、いまさらながらに感じている。そうした影山先生が遺していった仕事の面白さ、意義を、ぜひこれからの若い人たちにも理解してもらえれば幸いである。

III　体育を根底から問う

第七章　いまこそ、批判的体育学を！

序論

■批判的体育学、批判的教育学という言葉

批判的体育学という言葉は、これまであまり使われてはいません。私たちが最初ではないかと思っています。しかし、本当のことをいうと、このような堅い言葉を使いたくないのです。けれども、私たちの考えを簡潔に示す言葉として、これに代わる適切な言葉が見当たりませんので、あえてこれを使うことにします。

英語の文献では、オーストラリアのカーク(D・Kirk)という人が、一九八八年に、Physical Education in critical Pedagogyという言葉を使っています。これは、ここでいう批判的体育学に当たると思います。批判的教育学(Critical Pedagogy)という言葉については、それよりも前から使われていました。そうはいってもそれほど古いことではありません。私と同じような意味で使われているこの言葉を最初に見たのは、アメリカのジロー(H.Giroux)が、一九八三年に出した「Theory and Resistance in Education —A Pedagogy for the Opposition」という本のなかです。この本で、彼は「Resistance and Critical Pedagogy」という章を設けています。

カークやジローの考え方は面白いのですが、私は多少意見を異にしています。私が考える批判的体育学や批判的教育学というのは、体育・教育関係者の論理であると同時に、教育市民運動の論理であると思っています。もっと極端にいうと、教育市民運動の論理、そのものであるといい切ってもよいのではないかと思っています。この点で、私は、彼等の考えに不満を感じているのですが、それはさておき、従来の体育学や教育学に対する市民的批判が、批判的体育学であり批判的教育学であるといってよいと思います。

私も、体育関係者の一人であり、教育関係者の一人です。にもかかわらず、こんなことをいうのはおかしいのではないか、とお思いになる方がいらっしゃるかもしれません。しかし、私たちは誰でも、専門家としての役割と市民としての役割をもっています。そして、後者の立場から前者への強い批判が、批判的体育学・教育学にあたるといえましょう。

その意味で、批判的体育学・教育学は、専門家批判の論理でもあり、私たちにとっては、鋭い自己批判の学問になるのです。教育市民運動の論理を必然的に含有しているといい切っても間違いではないと思います

■管理主義教育批判と教育市民運動の必要

では、なぜそうした学問なり論理が、いま必要なのでしょうか。それにはいくつかの理由があります。

その一つは、管理主義教育といわれているものとのかかわりです。愛知は、もともと管理主義教育で有名です。教育という名の下に、子どもたちへの人権侵害や、全体主義的な価値の押し付けが行われています。しかし、「人権侵害」は子どもたちだけでなく、その基盤には、教師の教育権や親の教育権への軽視あるいは黙殺があります。ですから、「管理されているのは、子どもだけでなく、教師でもあり、親でもある」ということは、しばしばいわれていることです。

しかし、大部分の親や教師たちは、自分たちは管理されているとは思っていないのです。自分たちは自由であり、主体的に「教育」を行っている、あるいはかかわっていると考えているのです。「教育愛」や「聖職」意識、あるいは「学校信奉」がそのためのイデオロギーとして重要な役割を果たしていることは明らかです。これと同じような状況は、子どもたちの間にも存在しています。子どもたちが、みずから進んで、管理主義教育を支えているという場合もよくあります。ですから、自分たちでいまの問題を改善していくといった、いわゆる「当事者能力」のメカニズムがなかなか働かない状況にあるのです。

したがって、教育において、市民運動のようなものが必要になってきています。私はこれを教育市民運動と呼んでいます。教育市民運動をどのように確定し、定義するかは今後の重要な課題ですが、いずれにしても教育のなかに、もう少し市民的常識が入っていくようにしなければならないと思っています。批判的教育学の必要性の第一の理由はここにあるといえましょう。

■調教としての体育

このことは、体育においても同じです。体育は、これまで一貫して、社会的〝調教〟の役割を果たしてきたといっても過言ではないのです。社会を変えるというよりも、体力づくりやスポーツ教育を通して、今の社会の仕組みを身に付けさせ、社会のシステムにうまく適合させることに貢献してきたのです。

以前は、暴力的にそれを行うといった、いわゆるハードな調教が幅を利かせていました。現在でも、教師の体罰問題で、トップの座にいるのは、おそらく体育教師あるいは運動部活指導者ですから、暴力的調教の体質はまだ変わっていないといえましょう。

しかし、いま私たちが十分考えてみなければいけないのは、ソフトな調教です。ソフトな調教は、一見したところ、きわめて〝主体的〟なところにその特長があります。そのなかで、私が、消費的調教と名付けている調教の仕組みは、特に問題なのだと思います。これは、子どもたちに「スポーツ」を好きにさせ、彼らの内在しているエネルギーのほとんどをそちらに向けさせてしまう仕組みです。

いまでは学校での体育も「楽しい体育」ということが強調されていますが、そのための理論的支柱の役割を果たしていることは明らかです。以前「臨時教育審議会」（一九八四年に公布された法による教育行政に関する総理大臣の諮問機関）のいうことにならって、「生涯スポーツ」ということが叫ばれだしました。これは、一生涯にわたって人々を管理しようという意図が露骨になってきたあらわれといえましょう。

しかし、従来の体育理論では、このような状況を批判し、問題点を指摘することは難しいのです。運動文化論にせよ、あるいは体力づくり論、人間形成論などにしても、「運動をたくさんさせればそれでよい」と考えてきました。したがって、「生涯スポーツ」などに反対することはできず、結果的に消費的調教に手を貸すことになってきたのです。

学校では、いま、スポーツを盛んにしようとして、先生が、子どもたちの先頭にたって旗を振っています。しかし、心ある親たちは、それをハラハラしながら見ているのです。学校や体育の先生は、身勝手な理屈を付けながら、「運動しなさい、運動第一」と指導するが、それで子どもの将来はどうなるかという心配です。運動とかスポーツのことしか頭にない体育教師には、親のそんな心配は全然聞こえてこないのです。市民的感覚からすると、いろいろ問題があるように思われるのに、そうした心配を先生は知らないし、また知ろうともしないところに、いかんともしがたいいまの学校の教育状況があると思います。先生は、偏狭な体育理論から、まず解放される必要があると親たちは考えています。

■教育の政治的解放

教育は、偏狭な理屈や体育理論から解放されていかなければならない、ということを述べました。それに、その解放は、「政治」からもなされなければならないのです。けれども、いまの権力機構の末端を占める教師たちにとっては、その点でも〝当事者能力〟を欠いているのです。それが、批判的体育学・教育学の必要な第二の理由です。

いま教育は、重大な局面を迎えていることは確かです。それは、学校の教育内容を支配している「学習指導要領」を見てもわかります。これまで、学習指導要領は、何度も「改訂」されてきましたが、陰に陽に、ますます国家主義が強調されていきます。それは、「日の丸、君が代」の強制や、「道徳」教育の強化、「武道」の名称の復活や導入などに、典型的に示されています。このような教育の国家主義化は、今日の我が国の社会の全体主義的傾向の反映であることはいうまでもありません。ですから、教育の問題というより、社会の問題であるといってもよいのです。

しかし、この問題に対する教育関係者の反応は、まことに鈍いといわざるをえません。教育関係者の間に、反対運動がなかったというわけではありません。今後は、いままで以上に、強い批判活動が行われていくべきでしょう。

けれども、これらの反対運動は、主に教育関係者を中心としたもので、従来のパターンを越えたものではなかったということです。そこが問題であるといえましょう。従来のような反対運動の繰り返しでは、これまでの運動がそうであったように、事態の改善を期待するのは難しいのです。もし本当に事態を改善しようとするならば、もっと親や市民の方に運動の輪を広げていく必要があるのです。そうした努力が、これまで教育関係者に不足していたことは否めません。

このことは、実は、親や市民の問題でもあるのです。これまで、極端にいうと、教育の問題は、親や市民を抜きにして語られてきたといっても過言ではないのです。驚くことに、親や市民は、これまで、自分たちの子どもに、どんなことを教えるかということについて、ほとんど相談されてはこなかったのです。親や市民の教育に関する権利は一体どうなっているのでしょう。このようなことを考えてくると、親や市民の教育権の問題にかかわってきます。そのことの軽視あるいは認識不足が、反対運動の盛り上がりを実質的に妨げてきたといってもよいのです。

ですから、そうしたいままでの教育体制のあり方や、教育運動に対する考え方が問題になってきます。したがって、先の従来の反対運動のパターンの繰り返しという問題は、教育関係者の問題であるとともに、親や市民の、自分たちの問題でもあるのです。親や市民から、そして、先生の方から手を差し伸べていけば、道は開けてくると思っています。

教育が、いま重大な局面を迎えているだけに、従来のようなマンネリ化した教育運動のあり方は問題です。極端にいうと、親や市民たちは、ヤキモキしながらハラハラしているのです。しかし、そうした親や市民がいることも、また手を差し伸べ、協働して当たらなければ事態は解決しないということも、先生たちの意識にはのぼらないのです。けれども、前に述べたように、先生方は権力機構の末端を占めているのです。このことは、いま述べたような意識を生みやすいのです。また、実際に動こうとすると、いろいろ課題が出てきて、自分の「手足を食ってしまう」ことだってあるのです。ですから、自然に安全な殻に閉じこもろうとする力が働いてくることは否めません。動こうとしないのではなく、実際、動けないのかもしれません。では、どうすればよいのでしょうか。批判的教育学の必要なことは、これからもおわかりいただけると思います。

■体育・スポーツ研究者の欺瞞性

教育の中身がダメ、教育運動がダメ、もう一つダメなのは、体育・スポーツの研究者や指導者です。自分たちに都合の悪いことには、発言しないか、あるいは「たこつぼ研究」でごまかしを図るのです。この点は、私自身に、特に深くかかわっている問題ですので、いろいろいいたいことがあります。しかし、研究者や指導者とはそういうものであることは、私がここでクドクドいわなくともおわかり頂いているところであると思います。

では、どうするかです。ここでも、市民的立場からの批判が必要になってきているのです。ですから、これからは、研究者自身をもっと研究していく必要があるといえましょう。そうしないと、調教体育や、ファシズム体育がいま以上に幅を利かせていくことになると思います。

全国的に管理主義教育が蔓延するとともに、体育に対する批判が高まってきている現実があります。しかし、体育人は、そこに問題性をあまり感じることなく、むしろ自らがそれを支えてしまっていることを指摘しなくてはなりません。

さらに、これからは特に市民的批判運動、すなわち教育市民運動が必要であり、批判的体育学はその運動の中心的理論でもあるのです。

そこで、体育の何が問題であるかといった点や、「体育学」の内容等をさらに以下で詳細に論じていきます。

私自身は戦後から現在まで「体育・スポーツ社会学」を中心に学び、その成果を社会に問うてきました。その意味でも、継続的な私の体育社会学の序説といった意味も含めてまとめることにしました。したがって、なぜいま体育社会学が研究されなければならないかということと、特にどんなことが研究されなければならないかということも、本章で浮き彫りにできればよいと思っています。

第一節　体育社会学と科学主義

（1）体育社会学について

これまで、体育社会学は、「体育社会学」という名称の下で、スポーツに関することも研究してきました。そのことは別に問題ではないのですが、そのために「体育」についての社会学研究が、かなり疎かになるという傾向がありました。このような状況のなかで、「管理体育」や「ファシズム体育」の問題が起こってきたのです。

大きくは、「体育学」という学問もあるのですが、これは「後追い」の学問というか「体育」という教育制度や実態に追随する形で発達してきた学問ですから、とうていラディカル（根本的）な批判は期待できません。その点で、今後の体育社会学の役割が、大きくなってきているといえましょう。

しかし、体育社会学研究であれば、すべて批判的な視点で研究される科学かというと決してそうではありません。残念ながら、これまでの社会学は、上述の「後追い」の性格を多分にもっていたのです。体育社会学を研究している人の大部分が、体育人であったということも、このことに大いに関係があったと思います。したがって、このようななかで、「体育」を客観的に研究するということは、実際上、非常に難しいことだったのです。ですから、体育社会学研究でも、市民的批判や、市民フォーラムを開催してそこから学ぶことが必要であることがおわかりいただけると思います。

もちろん、体育社会学は、「社会学」という学問の性格上、体育生理学など他の体育の個別科学より批判的精神はもっていたと思います。戦後、体育社会学を確立した竹之下休蔵先生の伝統もありました。しかし、これまた、時代の経過とともに、そうした伝統や精神が、希薄になってきたことも否定できません。そこで、体育社会学の社会学が必要であるというようなこともいわれだしてきたのです。

もしも体育社会学を他の個別科学と比較するなら、全体としては、リベラルぐらいの位置付けはできるかもしれません。何分、他の体育の学問的研究がコンサーバティブですので。しかし「〈体育〉はない方がよい！」とするほどのラディカルさ、主体性は希薄でした。ですから、体育社会学ならすべてよいというわけではなく、体育社会学でも極めて保守的なものから、批判的なものまでいろいろあるということを理解しておかなければいけないと思います。その点で、批判的体育学は、批判的体育社会学であるとともに、リベラルで批判精神に満ちた竹之下精神に帰れ！という体育社会学批判でもあるのです。

（２）研究における悪しき科学主義について

なお、はじめにお断わりしておかなければならないことがあります。それは、この文章のなかでは、さまざまな問題提起や学問への評価をかなり断定的に述べているところが多いということです。読者のなかには、「科学的」でないとか、証拠を示せという人もいるかと思います。しかし、今回は、あまり「科学的」にもなりたくないのです。というのは、体育学には、現在「悪しき科学主義」がはびこっているように思われるからです。これを、データ主義といってもよいかもしれません。

その結果、体育学では、たしかに知識は蓄積され増えましたが、いかにせん「知性」が乏しくなりました。ここで知性とは、体育を外側からも眺めて批判していくような、健全な批判精神とでもいえましょう。私は、科学も大事ですが、それ以上に人間の知恵を大事にしていきたいと考えています。したがって、ここではあまりデータにこだわらず、あえて「常識的な」線で考えていくことにしました。現在そうした「常識」は、残念ながら、体育人よりも、一般市民の方がもっているような気がします。批判的体育学が、教育市民運動と結び付いているのは、このような理由からでもあるのです。

第二節　Critical Pedagogy

前述のジロー (H. Giroux) たちは、Radical Pedagogy と Critical Pedagogy との違いを、大略、次のように説明しています。すなわち、前者は、学校教育 (Schooling) を、単なる「支配のためのイデオロギー注入と実践の場」、「現代資本の再生産の場」と見るのに対して、後者は、学校教育をそれだけでなく、「反支配や文化的闘争の場でもある」としても見る立場に立っていると。そして、一応後者の立場に立つ彼らは、前者を批判して「ラジカル教育学者たちは、ただただ批評のために、可能性という言葉のあることを忘れてしまっている」と述べています(H.Giroux et al ed.: Critical Pedagogy, the State, and Cultural Struggle. State Univ. of New York Press. 1989)。

けれども、両者は共に、学校教育を、きわめて「政治的なもの」と見ている点では同じです。その点は参考になります。しかし、Critical Pedagogy にしても「親や市民との連帯」といったことについては、彼らの本ではほとんど述べられていません。また、政治的支配について語るにしても、「専門家権力」については、ほとんど触れられていません。これらのことは、お互いに関係があるように思われますが、いずれにしても、彼らの Critical Pedagogy の限界といわなければならないでしょう。ですから、Critical Pedagogy といいながら、批判理論的にもまた実践論的にも、きわめて「弱い」ものになっていることは否定できません。

問題は、Schooling をどのように考えるかということにあります。もし、それを産業化社会の一様式として、批判的に考えていくのであれば、Pedagogy の内容も変わってきていただろうと思います。De-schooling society としては、当然、市民との連係や専門家権力についての問題が、議論になってこなければならないでしょう。

第三節　「調教」としての体育

序論では、体育の今日的な問題点を「調教としての体育」といいました。この点は、今でも変わっていません。そこでここでは、その内容を少しくわしく見てみることにしましょう。

「調教としての体育」の性格は、明治時代に「体育」が生まれて以来、それほど変わっていないような気がします。当初は、「富国強兵政策」と結び付いて、体育（この場合は兵式体操）は、「有形の修身科」といわれました。まさに調教です。

また、第二次世界大戦では、軍国主義教育の中核となって「活躍」しました。戦後は、一時期、形の上では、「自由な体育」の時代がありましたが、その後すぐ、「集団行動」の復活や、「体力テスト」（正式の名称はスポーツ・テスト、運動能力調査等）の導入など、「戦前回帰」が続きました。そしていままた、「調教としての体育」です。以前と比べてみると、調教の仕方が多少巧妙になったような気がしますが、調教としての性格は基本的に変わっていないように思われます。

現在の調教は、頭ごなしにはあまりできません。人々の要求にも耳を傾けなければなりません。そうなると、現代の社会に、人々をいかにうまく適応させるかが表面上の目的になってきます。その点で、実用主義的になったといえましょう。そして、体育は、何らかの社会的欠陥を補完する、あるいは補償することを主な役割にしてきます。

したがって、調教としての体育は、社会的なレベルからいえば、「社会管理としての体育」ということにもなってくるのです。ここでは、それを簡単に、「管理としての体育」と呼ぶことにします。このように、「調教としての体育」と「管理としての体育」は、表裏の関係にあるといってもよいのです。

調教としての体育は、簡単にいうと、子どもたちを「型」にはめ、命令に忠順な人間に仕立てあげるような体育を意味しています。これにはいくつかの側面があると思います。ここでは、それを、次の三つに分けて考えていくことにします。それは、

①全体主義的秩序の教化
②自由な活動の管理
③不健康の再生産

の三つです。これらは、おたがいが密接に関係し合っていることはいうまでもありませんが、①はメンタルな側面あるいはイデオロギー的側面、②は行動的あるいは生活的側面、③は身体の側面、にそれぞれ対応するものとして考えています。

第四節　調教体育：その１　全体主義的秩序の教化

（１）「動く修身」

教育問題についての集会で、ある親から、「なぜ体育では、あんなにしょっちゅう並ばせてばかりいるのか」といった批判が出されました。並ばせることは、実際の運動をする場合には、ほとんど関係がないのですが、なぜか体育では、それが重要なこととして考えられています。

昔、「兵式体操は有形の修身科」（一八八五年、明治十八年）といわれたことは前にも述べましたが、体育の存在理由は、いまでもここにあるといってよいのではないかと思います。当時、森有礼の強調した教育の三原則、「従順」「友情」そして「威儀」の三つは、いまでも生きているように思われるからです。なお、彼のいう「友情」とは、むしろ全体や集団性の重視を意味しておりますので、ここでは「友情（全体）」と記すことにします。

体育では、これまで、「教師の命令に従うこと」と、「集団全体の重視と奉仕」および「秩序やルールを守り、整然と行うこと」が常に強調されてきました。これらは、まさに森のいう「従順」と「友情（全体）」と「威儀」に対応するものといえましょう。これらは、一見したところ、民主的な社会においても重要な行動様式で、別に問題がないように思われるかもしれません。しかし、体育においては、これらは次のことを意味しているのです。

・「従順」→　権威や権力に対する反抗、それは悪である。
・「友情（全体）」→　「みんな一緒」が善であり、それからハミ出すことは許されない。
集団の統一を乱すことは悪である。
・「威儀」→　「きまり」を破ることは悪である。「きまり」は「きまり」であるゆえに善であって、それを守るのにいい加減は許されない。

ですから、これらが三点セットになると、極めて強い全体主義的傾向を帯びてくることになります。そして、大きく社会的な構造から考えると、硬直した「天皇制」を支える心的基盤とも強い親近性をもってきます。

その上、「スポーツ漬け」になって育てられてきた体育教師にかかると、どんな民主的目標も、右翼的色彩を帯びてきます。そして、全体的秩序の名の下に、「弱い」子どもや、運動が下手な子ども、とりわけ反抗する子は差別され、軽蔑され、疎外されていきます。

体育では、柔順で規律的な態度を育てるのに、「人間形成」という言葉が使われることがしばしばありました。そして、極端にいうと、「スポーツ」や体力づくり、集団行動等あらゆる運動が、そのために動員されたといってもよいでしょう。スポーツは、昔は、もっと反骨精神をもっていたような気がします。アマチュアリズムも、階級的とか、貴族主義的とかいわれながらも、以前みんなの共感を得ていたのは、「社会の悪には染まらぬ」といった、その反骨精神にあったと思います。しかし、いまはそうした精神は忘れられ、逆に、「スポーツマンシップ」とか「フェアプレイ」の名の下に、秩序やルールに従うことだけが強調されるようになってきたのです。体育がそう変えたのかどうかはわかりませんが、体育にとって、全体主義的秩序・態度を育てるのに大変利用のしがいがあったことは間違いないでしょう。

どんな運動でさえも、多かれ少なかれ、そうした態度をつくりだすのに「利用された」ということは、「身体の管理」は「心の管理」につながる、ということの表われのような気がします。すなわち、「心の管理」は、「身体の管理」を通してなされるとともに、強化されるということです。画一的な価値観を植え付けることを信条とする管理主義教育において、体育が重視されるのもそうした意味においてだろうと思います。このような点において、体育はまさに「動く修身」なのです。

（２）儀式としての体育

ですから、体育において、体操やスポーツを指導している場合でも、果たして運動を指導しているのか、それともこのような「修身」を指導しているのか、考え直してみなければなりません。考えてみると、体育やスポーツにおいて、行動の仕方は、儀式のようにほとんどパターン化されていて、それぞれ何らかの意味を含んでいます。そして、運動は、それらの意味の表現、あるいはパフォーマンスに過ぎない、というように見ることができるのです。

また、服装が統一されていたり、儀式的行動がやたらに多いのも体育の特徴です。したがって、「体育は運動ではなく儀式である」という見方も十分成り立ってきます。体育では、これらの儀式を通して、その隠れた意味が強化され、子どもたちのなかに深く浸透していくことになります。ですから、これからはむしろ、「体育は儀式だ」という角度から、体育儀式の意味するものをより明らかにしていくことが重要になってきているといえましょう。

体育の規律訓練において、集団行動の果たしている役割は大きいと思います。しかし、上述のことからもわかるように、規律訓練の教育は、体育では、集団行動以外でも広く行われているのです。特に最近は、体育においても、強圧的な指導が表向きでは否定される傾向にあります。したがって、指導のソフト化に伴い、集団行動以外の運動の果たしている役割の分析が重要になってきています。「儀式としての体育」研究は、そうした意味においても必要になってきているのです。

これらのことに関連して、「武道」の名称の復活も注目されなければなりません。学習指導要領では、「格技」に代わって「武道」という名称が使われるようになりました。このことは前にも述べました。この背景には、日本古来の伝統文化という意義だけでなく、「礼儀」という古い道徳の重視があることは明らかです。しかし「武道」名称の復活は、単にそれだけにとどまらず、教師や教育というものの「権力性」、すなわち階統的秩序〈ハイアラキー）の強化や、子どもの全体主義的管理の強化！に繋がっていく恐れがあります。過去の歴史はそれを物語っています。その点で、今後とも注意していかなければならないと思っています。

では、このような状況を改善していくために、体育としては今後どうしたらよいのでしょう。その具体的な方策については、後で述べることにしますが、ここで考えておかなければならないことは、社会全体との関連のなかでその解決を考えていかなければならないということです。基本的に、「動く修身科」に対する要求が社会のなかに存在しているということです。そして、体育人自身も、規律訓練の必要性に、大きな疑問を抱くことはあまりありません。ですから、体育人は、その要求に従っているかぎり、現状に、ある種の自己満足を得、使命感すら湧いてくることになるのです。

（3）規律訓練要求の背景

規律訓練要求を、たとえば、子どもの「しつけ」ということに広げて考えてみましょう。もともと、「しつけ」というものは、家庭や地域社会で、その場その場に応じて行われるものでした。しかし、いまは、そのしつけさえも学校に依存するようになってきています。そして、「勉強は塾で、しつけは学校で」ということさえいわれるようになってきているのです。体育で、一生懸命しつけまでやろうとするのは、この社会的傾向をあまりにも真面目に引き受けているからかもしれません。問題は、家庭や地域社会における教育力の衰退をどのように考えるのか、その復権をどうするかということなのです。体育で、しつけを請け負うだけで解決できるような問題ではないのです。

社会的要求には、このように社会的欠陥を補ってほしいということと、自分たちの希望するような社会にするためにこうしてほしいという要求とがあります。前者は、social lack といえば、後者は、social desire です。上述のしつけの例は、前者のケースについて述べてみたものです。しかし、動く修身科への主要な源泉は、後者の要求です。

いま為政者たちは、しきりに古い社会への回帰を目論んでいます。「愛国心」とか「国民的アイデンティティ」をつくるために、憲法を無視してまでも、古いナショナリズムを持ち込もうとしているのです。その一環として、「上」の人の命令には忠実に従い、どんなことでも素直にそれを実行するような人間の育成を、教育に強く求めています。「日の丸、君が代」の強制とか、「天皇への敬愛」の強調、あるいは「豊かでたくましい人間の育成」等は、そのあらわれです。体育はそのための重要な科目として考えられています。「体育、体育」というのは、だいたい保守的な校長か、頭の固い教育委員会です。したがって、「最近体育は重視されるようになってきた」とか何とかいって、体育人は喜んでばかりはいられないのです。

では、なぜ為政者たちは、古い日本への回帰を目論んでいるのでしょう。その原因については、いろいろ考えられますが、必ずしも明確でないところが無気味といえば無気味です。これには、戦後、急速に発達し、先進国の仲間入りをした、わが国の経済的状況も関係していると思います。いまの経済は、国とか国境を飛び越えて国際的になっていますので、政治的には、逆に、ナショナルなものへの要求が高くなってきているのかもしれません。

忠順な人間の育成は、産業界の強い要請であることはいうまでもありません。いま産業界で必要としているのは、知識や技術のある人ではなく、何よりも忠順でたくましい人なのです。スポーツマンが求められるのもそうした理由からでもあります。そのような意味で、今日、産業界にいちばん貢献しているのは、体育なのかもしれません。

ですから、体育は、体育を取り巻く社会的背景というものを十分に考えていかなければなりません。従来、体育が、軍国主義や天皇制に利用されてきたのは、社会的要求に「真面目に」従っていればそれでよしとし、その背景や本質を見抜く力が、体育人になかったからなのです。このような状況は、いまでもそう変わっていないような気がします。知らず知らずのうちに「国家主義的な天皇制」への荷担ということもあります。

したがって、いま、体育の戦争責任についてもう一度問い直してみることも大事だと思います。しかし、われわれにとってもっと大切なことは、体育の戦争責任を、歴史とか過去形としてだけで考えないようにすることだと思います。私たちには、一人一人が、現在においてそれを見ていく心構えと実践が必要だと思います。

第五節　調教体育：その2　自由な活動の管理

（1）大衆管理としての「生涯スポーツ」

現代社会の政治的管理において重要なことは、人々の余暇の管理ということでしょう。人々が、新しく作られた「余暇」に、社会運動などせずに、一つのことに、自ら進んで熱中していてくれれば、為政者にとっては、こんなに安泰なことはないのです。最近、強調されている生涯教育も、その一環であることはいうまでもありません。人々が、余暇に、「学習」でもしていてくれればそれでよいのです。そういえば、私の地域でも、日頃スポーツ教室などに通っているような人は、市民運動に参加するということはほとんどありません。

このように、生涯スポーツも、そうした大衆管理の重要な柱であることは明らかです。スポーツは、エネルギーを「健全に」発散させるだけでなく、ナショナルなアイデンティティの確立にも役立つともなれば捨ててはおけません。したがって、国でも、最近、しきりに生涯スポーツということをいい出しました。体育研究者もその「尻馬」にのって、学校体育は、「子どもたちにもっとスポーツを好きにさせ、うまくすることが大事だ」などと言明したりしてきています。しかし、スポーツは、決して、みんなが好きにならなければならないようなものではなく、世の中には嫌いな人だってたくさんいるし、それで別に支障はないのです。それに、国が生涯スポーツなどといい出したのは、選手強化と密接に結び付いていることは、ちょっと調べてみればすぐわかることです。

以前は、「体育とスポーツは違うのだ」とかいって威張って(?)いたのですが、体育はいつからスポーツの下請け機関となってしまったのでしょう。体育とスポーツは、もともと「癒着」していたのですから、そんな詮索をしてもあまり意味がないかもしれません。しかし、「スポーツを好きにさせるためには、うまくすることが大事だ」とかいって、選手強化の下請けまでやらせられるのでは、体育嫌いがますます増えることは明らかでしょう。選手強化まではいかないにしても、スポーツ産業の忠順な「消費者」にさせられるのも、嫌な話です。したがって、体育が、生涯スポーツということを強調するのであれば、最低限、これらの問題に対して、どういうふうに考えているのか、みんなの納得のゆく回答を用意していく必要があるでしょう。

(2) 生涯教育としての体育

少しここで「学」のあるところ(笑)を示すと、元来、生涯教育ということが強調されるようになったのは、Life-long integrated Educationという意味においてだと思います。それは、学校以外にもいろいろな学習の機会が増えてきたので、それらをどう連携したり調整したりするかが、問題として浮かび上がってきたからです。それがIntegratedの意味だったのです。

子どものスポーツの場合も、スイミングスクールやサッカー教室など、「スポーツ塾」に通う人が増えてきています。それに伴って、学校の体育もやりにくくなってきていることは確かです。たとえば、これらに通っている子どもとそうでない子では、技術的に大きな差ができてしまっているからです。そこで、従来のような体育は、なかなか通用しにくくなってきているのが現状です。違いは、技術的なことばかりではありません。スポーツに対する考え方もそうです。これらの子どもは、ある考え方に早くから固まってしまっている場合が多いのです。したがって、学校で教えることが、素直に受け入れてもらえないということもあります。ですから、社会におけるスポーツと、どう調整を図っていくかが問題になってきたのです。

その点で注意しなければいけないことは、「連携を図る」ということとは、生涯スポーツのために、学校体育を、単に、それに従属させるということではないということです。逆に、社会におけるスポーツのあり方を変えるために、学校体育はいろいろな要求を、社会にしていかなければなりません。そして、どのようにして変えていくか、その方法や運動を考えていくことが、体育の内容として重要にさえなってきているのです。

もう少し付け加えていうと、今の学校体育は、むしろ社会の「スポーツ」状況に、全く支配されてしまっていて、「教育としての体育」などということが、通用しなくなってきているところに問題があると思います。もともと「スポーツ」は、きわめて政治的に作られてきた「文化」であることは、これまでにも多くの人によって指摘されてきました。その上、現在では、運動文化としてのスポーツの理念や、価値さえも、スポーツ産業やマス・メディアによって作られているといっても過言ではないのです。ですから、そんなものを、「運動文化」などといって、無批判的に教え込むことは許されません。

このような状況のなかで重要になってきていることは、「スポーツ」を好きにさせるとか、うまくするとかいう前に、子どもたちに、「スポーツ」とは何かということを理解させ、これから何をどのように選択していったらよいか等、批判的な目を育てていくことだろうと思います。そして、ある場合には、「スポーツ」を教えない、すなわち「スポーツ」をしない権利を保障していくということさえも重要になってきているのです。

（3）遊びの教育

以上、現代社会において「スポーツ」を教えることの問題性について述べてきました。次に、「遊び」について考えてみましょう。「スポーツ」は、一般に遊びとして行われています。また、体育でよく使われている運動文化という言葉も、人間の「遊び」ということと深く関係した文化として考えられています。そこで、「体育は、遊びの教育である」といっている人もいます。

しかし、遊びの概念は一つではなく、さまざまなものが遊びといわれていることはよく知られています。その遊びを考える場合、フランス語でいう plaisir と jouissance を区別するということが大切だと思います。

P・マックラーレン（P. McLaren）という人が述べていることですが、前者は、現体制秩序のなかの遊びで、娯楽に近い概念です。それに対して、後者は、現体制秩序を変えることや、越えることを楽しむような遊びを意味しています。後でも述べますが、スポーツは、近代「スポーツ」として結実してくる以前には、民衆のエネルギーの表現として、後者の性格を色濃くもっていました。民衆は、そのような「すぽーつ」をとおして、社会秩序に対する批判や嘲笑を楽しんでいました。いうなれば、それは、民衆の jouissance であって、「自由の表現」であったのです。

しかし、「文明化」の過程において、そうした性格は失われ、前者の遊びとなってしまったのです。その歴史のなかで、学校の果たした役割は大きかったと思います。イギリスのパブリックスクールは、それまで禁止していた民衆のすぽーつを取り上げ、改造し、「洗練」させて、近代「スポーツ」を作り上げました。けれども、その「スポーツ」は、すっかり形を変え、「社会秩序の守護神」に変わってしまっていたのです。

従来のような楽しみ方は、野蛮として退けられ、逆に秩序保持を信条とするようなものになっていたのです。すぽーつは、plaisir となり、楽しみも「薄められて」きました。

その点で、私は、そのような学校体育を「換楽装置」と呼ぶことにしています。ところで、いまなお学校体育では、「楽しい体育」ということが強調されています。これは、「換楽装置」としての役割が、依然として継続中であることを意味しているのでしょう。しかし、考えてみると本当におかしなことです。学校は、民衆の楽しみを奪っておきながら、すなわち、すぽーつを面白くない「文化」に変えておきながら、楽しみを教育しようとしているのです。

ここで、学校体育が現在やろうとしている「楽しみの教育」とは一体何なのか、その性格を考えてみます。それは、簡単にいえば、本当の楽しみ方を隠してしまい、別のものを楽しいものとして強制していく役割なのです。体育の授業の指導案などで、しばしば「運動の特性に触れさせ、運動を好きにさせる」といった文章を見かけますが、私は時々「運動の毒性」の間違いではないかと思ったりします。そもそも学校というのは、生きた文化を死んだ文化へ、すなわち野生の文化を「人造的」な文化に変える名人なのです。

ですから、学校体育はそのような「換楽装置」でもあり、plaisir としての「スポーツ」を教育している機関でもあるということを、十分認識しておく必要があると思います。そうしないと、私たちは知らず知らずのうちに、大変な大衆管理に手を貸すことになるのです。それは、ファシズムへの道でもあるのです。

（4）「不自由の表現」としてのスポーツ

けれども、ここで考えてみなければならないことは、こうした「スポーツ」を求める心理が、いまの人々の心の中に強く存在しているということです。ですから、「スポーツはすべての人の権利である」というようなこともいわれているのです。そして、スポーツは、自由で、健康によいといった言説も、そうした心理を生み出すのに貢献してきたと思います。

ところで、スポーツに自由さを求めることは、基本的に社会的抑圧や不自由さと関連しているといえましょう。学校についていえば、管理主義教育といわれるような教育の変質は、子どもたちに、「スポーツ」を必要とさせてきます。教室において満足を得られない子どもたちは、スポーツに自由さと自己のアイデンティティを求めることになります。逆に、学校は、そのための装置として、「スポーツ」を用意し、重視することになります。

このように考えてくると、「スポーツ」は、むしろ「不自由さの表現」ではないかと思われてきます。確かにそのとおりで、現代社会においては、スポーツは、「自由の表現」から「不自由の表現」に変わってしまっているといってもよいのです。

そこで、「スポーツ」への要求と社会との関係が、どのようになっているのかということが、いっそう問題になってきます。というのは、ただ単に「スポーツ」を攻撃しても、ラチがあかないということが起こってくるからです。問題の社会的背景にメスをいれ、根本から変えていくということが必要になってきます。

その点で、現在大事なことは、「スポーツ」や、それを主軸とする「体育」を、気持ちの上であまり絶対視しないということでしょう。これらは、現代社会の問題性と裏腹の関係になって存在している、そのような「文化」にすぎないのであって、一種の「身体の管理技術」なのです。今後は、そのぐらいに考えて対応していったらよいと思います。そうしないと、特に体育では、いま何をしなければならないかという、大事なことを考えることが、どうしても疎かになってくるからです。体育の問題点は、何をしてきたかということよりも、むしろ何をしてこなかったかということにあるのだ、と考えてみることもできると思います。

第六節　調教体育：その3　不健康の再生産

(1)「からだの管理」

いま「身体の管理技術」という言葉を使いましたが、M・フーコーは、それを「身体の政治技術」と呼んでいます。意味は同じです。ここで身体というのは、もちろん広い意味においてです。これには、メンタルな面も、行動的な面も、また、肉体的な面も含まれます。この論文でも、これまで、このように三つに分けて考えてきたわけです。

すなわち、最初に「動く修身」ということで、メンタルな面での身体の管理技術を問題にしました。次いで、「自由な活動の管理」ということで、行動的な面についての問題性を述べてきました。そこで次に、当然、肉体的な面での調教、管理が問題になってきます（なおここでは、身体のなかで肉体的な面を中心とする場合、「からだ」という言葉を使うことにします）。

何らかの形で、人々を支配したり動かしたりする場合、「身体の管理」ということが非常に重要になってきます。私も、管理主義教育について、「身体の管理から心の管理へ」というテーマで話をしたことがあります。これからも推測できるように、管理主義教育では、身体の管理がまず問題になってきます。からだは、エネルギーを蓄えたり、発散したりする場でもありますので、支配や管理とは密接に結び付くことになります。体育は、まさにそのような身体と向き合っているのですから、政治との関係は免れないといえましょう。

ところで、からだの管理でも、身体エネルギーの問題から、技術の問題、健康・体力の問題と多様な内容を含んでいます。ここでは、このうち、健康・体力の問題を中心に考えてみることにします。そこで現代「体育」の第三番目の問題は、「健康」管理をめぐる問題ということになってきます。そして、結論的にいうと、少し大胆かもしれませんが、「体育」は、むしろ不健康の再生産に役立っている、ということをここで指摘してみたいと思います。

（2）口実としての体力づくり？

最近、子どもたちの体力は落ちてきているというのが、体育振興の大義名分になっています。では、体育人は、本当にそう思ってやっているのでしょうか。ここで面白い話があります。ある中学校に、部活に熱心な先生がいたので、「部活は、子どもたちの健康・体力を高めるためですか？」とお尋ねしました。ところが、その先生からは、「とんでもない。これ以上体力がついたら手に負えません。子どもたちのエネルギーが何とか反発に結びつかないように、しっかり発散させるためにやっているのです」という答えが返ってきました。

これは、体育、スポーツの果たしている役割を、うまく表わしていると思います。体育は、子どもたちの体をめぐる要求に応えるようなふりをしながら、実際は別な働きをしているのです。不満の発散や、命令に忠順な人間づくりや、新しい欲望づくりなどがそれです。たとえば、「おまえは体力がない。もっと運動しなければだめだ」という一言は、子どもと教師の間の支配―服従の関係を強化することに働きます。

すなわち、たとえ体力があったとしても、体力の目標値に限界はありませんので、この言葉は、誰に対しても、圧力として作用してきます。そして、体力は、誰もが獲得しなければならないものだと、みんなが思い込んでいるので、教師のいうことに疑問を差しはさむこともできません。そこで、子どもは走りだすのです。しかし、子どもが得ようとしている文化としての体力の裏には、教師が厳然と控えており、教師は、その文化の名において強制を加えているのです。

結果は明らかです。子どもたちが、その文化を得ようとすればするほど、教師の生徒に対する力は強くなるのです。けれども、表面的には、あくまでも「教育愛」から出ているようにカモフラージュされます。このようななかで、教師―生徒の支配―服従の関係が知らず知らずのうちに強化されていきます。

ケアーとしての体力テストもこれと同じような働きをします。体育で、毎年「スポーツテスト（運動能力調査）」をやっていますが、ほとんど子どものために利用されることはありません。これが、子どもの体力のためではないことは、これからも明らかです。しかし、先生は、テストを止めようとはしないのです。

もし本当に、子どもの健康や体力のことを考えているのであれば、体育教師はもっといろいろなことに努力してきただろうと思います。環境破壊や自然破壊、公害問題、原発、軍事大国化等は、子どもたちの健康・体力や命に大きな影響を及ぼしてきています。しかし、ほとんどの体育人は、これらの問題に対して無言、無行動を決め込んでいます。またそれで十分やっていけるのですから不思議です。

逆に、これらの運動に参加したりすると、かえって、同僚から白い目で見られたりします。

このことから見ても、体育人は、子どもの健康・体力のことなど、口でいうほど考えてはいないということになります。けれども、現在のシステムでは、これらの人たちに、子どもの健康と体力のことについて、多くのことを任せているのです。それは、むしろ子どもたちの不健康を助長する危険性を内包しているといえましょう。

(3) 対症療法としての体力づくり

ところで、体育が、かりに真剣に体力づくりに取り組んでいたとしても、それは対症療法に過ぎません。それは、上述のことからもおわかりいただけると思います。

だいたい、体育人は、子どもの体力がなぜ落ちてきたのか、その原因に立ち返って問題の解決を図ろうとはしません。もし、そういう気持ちがあったら、社会や環境の問題に対して、もっと積極的に発言してきただろうし、いまの体育とは違う新しい方法論も、提案してきたと思います。健康や体力の問題を、学校だけで解決しようとしても無理なことは少し考えてみればわかることです。

もし体力のために、運動の機会が必要ならば、生活全体をより運動環境的に変えていかなければなりません。また、そのためには、生活をもっと生き生きしたものにしていく必要もあるでしょう。それが、根本的に解決していくための道なのです。体づくりの専門家なら、そのためにはどうしたらよいか、アイディアぐらいは出せるはずです。

しかし、そうした根本的解決の道は考えようとはせず、研究することは、学校でやることに限られているか、あるいは狭い「運動」処方なのです。問題なのは、どんな運動をどのくらいやればよいかということではなく、運動の機会をどう確保するか、また、生活をどう活動的にするかということなのです。だいたい「運動」処方などという言葉は、対症療法を本命とするような悪しき医学の模倣なのです。

（4）非―対症療法としての体力づくり

ここまで、学校でやれることには限界があるのに、それをあまり深刻に考えようとはせず、体育は、学校のなかだけで適当にやっているという問題点を指摘してきました。このように考えてくると、学校の体力づくりは、対症療法にもなっていないのではないか、という思いがしてきます。私は、このような認識と、それにもとづく追跡研究が、実はたいへん大事だと思っています。

これまで私は、最近の子どもたちの体力は落ちてきたという前提でいろいろ述べてきました。しかし、本当にそうなのかどうか、もっと検討が必要だと思います。大体、「最近の若者は、体が弱くなった」という指摘は、ギリシャ時代からいわれ続けていることです。記憶違いでなければ、プラトンの「国家篇」のなかに、このような文章があったと思います。そして、もし仮に体力が低下してきていたとしても、最近低下してきているのは、本当に体力、すなわち身体的能力なのか、という疑問が湧いてきます。結論的にいうと、低下してきているのは、体力ではなくて、「やる気」すなわち社会的な意味での気力とか意欲ではないのか、と思われてなりません。

別にいま証拠があるわけではありませんが、いつも学校で他律的な教育が強いられていては、やる気もなくしてしまうでしょう。ふつう「やる気」をいちばん起こさせる遊びも、管理されています。それに、先の話からも、最近の若者たちは、エネルギーが有り余っているということも感じとれます。

もし低下しているのが「やる気」だということになってくると、もっと別な処方箋が必要になってくることは明らかです。生き生きした生活経験等、社会的な事柄が問題になってきます。今の子どもたちに不足しているのは、野性的な生き方、すなわち自由なのです。その結果が身体的な面に表われているに過ぎないのです。したがって、そうした面をそのままにして、「人工的」に身体的能力だけを高めてみても、決して広い意味での体力が高まるわけではないのです。

それなのに、「最近の子どもたちは〝ひ弱〟になった」などといわれて、かえってさまざまなからだの訓練が課せられるようになってきました。しかし、それが、「耐えることによって得られる充実感、満足感を体得し……」(ある中学校のオリエンテーション合宿のしおりから)となってしまっては、運動をするやる気さえも無くさせてしまうというものです。

ここで、体力の概念や内容が問題になってきます。本当は、私は、戦時中盛んに使われたこの体力という言葉を使いたくないのです。どうも差別的で、押し付け的な感じがします。元来、健康や身体的能力というものは、個性的なもので、他人からとやかくいわれるようなものではないのです。また、必要とする身体的能力も、一律的なものではなく、身体の状況や仕事等によって違ってくるのです。一律的なものが必要となると、身体に障害がある人は困ってしまうことになります。昔は、よい軍人をつくるために、一律的な体力が必要だったのです。

ですから、ここで、学校で高めようとしている体力と、日常生活で必要とするような体力との関係が問題になってきます。体力といっても、この両者では違っているように思われます。前者を「人工的体力」と名づけるならば、後者は「野性的体力」とでもいえましょう。イリイチが、これを産業的なものと土俗的なもの（コンビビアルなもの）とに区別していることは有名です。このように違いがあるとすると、いっそう言葉の吟味ということが重要になってきます。

同時に、学校で高めようとしている能力とはいったい何なのか、ということの吟味も必要になってきます。それが、日常生活で必要とするような体力とは、あまり関係ないということになると、学校体育は対症療法にもなっていないということになります。逆に、その方がかえってよいのだという意見の人もあるかと思います。個性的で、基本的人権にかかわるようなことを、へたに学校でコントロールしてほしくないというわけです。この議論も今後大事になってくるかと思いますが、ここではこれ以上深入りしないでおきます。

（5）他律的な体力づくり

体育は、対症療法にもなっていない。このことはまだ許せるかもしれません。しかし、もし体育が、子どもたちに、不健康への道を歩ませているということになると大問題です。私は、いまの体育は、そうした傾向をもっているような気がします。それは、体力づくりがいろいろな意味で他律的だからです。

　大学生に、体育でいちばん嫌だったことは何かということを尋ねると、多くの人が持久走と集団行動、および水泳をあげます。これらは、強制されたという印象が強いのです。体力づくりを、体育の直接の目標にしてくると、どうしてもそうなりがちです。特に子どもたちは、自分たちは体力がないとか、落ちたとは思っていないのです。ですから、いっそう「被強制感」が強くなってきます。その上、先生は、子どもたちを従わせるために「脅し」という手法を使います。これは、いろいろなテストをやって、体力のないことを「認識」させるというやり方です。

　誰でも「弱い」ところがあるものですが、先生はそれを強調します。仮にそれが「普通」になっても、先生はまたすぐ別の弱いところを見付けだします。教師はそういうところを見付けだす名人でもあるのです。そのためのいろいろな「武器」ももっています。これによって、子どもたちは自信を失っていきます。教師は、多くの場合「お前はこれもできるではないか」というように、できるところを強調し、それを伸ばすようなことはしません。それによって教師と生徒の支配―服従の関係が壊れるのを恐れているのかもしれません。いつもできない点を力説します。子どもたちの自信を失わせることでは、学校は名人なのです。このことは、体育にもぴったりと当てはまります。

このようなことでは、子どもたちには、自ら進んで体力づくりをやろうという気持ちは起こってこないでしょう。これでは全く、体力づくりに向かわないように、向かわないようにと、指導しているようなものです。青少年にとって、大学体育が終わった後が、運動では一番の空白期のような気がします。三十代の後半になると、体力減退を感じて、誰でもひとりでに運動をはじめます。しかし、だいたい手遅れの場合が多いのです。こうした状況をつくり出した責任の一端は、上述のような他律的な体育授業にあったといってよいでしょう。

もう一つの問題は、片寄った健康体力観の押し付けです。それは、体力主義的健康観とでもいうべき健康観です。簡単にいうと、「体力がなければ健康ではない」という考え方です。しかし世の中には、体力がなくても、活動的な人はいっぱいいます。ここで、野性的な健康と、「人工的（産業的）」な健康といった発想が出てくるわけですが、いずれにせよ、体育で教えているのは体力中心的な考え方です。これですと、特に体力のない人は、たとえ極めて健康であっても、自分は「弱い」と決めてしまいがちです。これではわざわざ〝病人〟を作り出しているようなものです。また、体力のある人はある人で、体力の落ちないことを考えて、ヘルス・ジムに通い出したりします。そして、運動しないと落ち着かない、「運動強迫症」あるいは「運動中毒」に罹ったりします。これはこれで一種の「病気」なのです。これらの人は、世の中がどんなに困難な問題にぶち当たろうと、運動することだけは忘れないのです。これでは、あまり健康的とはいえません。どこか、密室に入り込んだような暗い感じがします。

ともあれ、健康は体力によって決まるとか、体力は部分部分を鍛えることによって達成できる、運動を継続しないと健康に悪い、等々の体育的健康言説は、今後再検討されなければならないでしょう。こうした考え方は、環境や社会の問題を人々の視野から落としてしまい、不健康の状態を永続化させるとともに、不健康それ自身を再生産していくことになるからです。明らかに今日的な産業社会の産物で、健康産業を栄えさせるのには役立つかもしれませんが、人間や社会を決して豊かにはしないのです。

第七節　調教体育とそれを生み出すもの

（1）Cultural Politicsとしての体育学

以上、調教体育の実態について述べてきました。調教体育を一言でいうと、自律的な人間を育てるのではなく、他律的な型にはまった人間を作ることを意味しています。それは、メンタルな面でも、行動的な面でも、また健康・体力の面でも同じです。このような調教体育を通して、子どもたちは「不能化」を余儀なくされ、産業的サービスに依存することが、善なることとして教え込まれていくのです。

仮に、ここに、Aという文化とBという文化があったとします。調教体育においては、たとえていうと、Aの文化ではなく、Bの文化が、巧妙に教え込まれるということを意味しているのです。

「巧妙に」ということは、Bの文化が正統的で絶対的なものとして教え込まれるということです。最初は、AよりもBの文化がよいという選択の意識があったかもしれませんが、調教体育の段階になると、Aの文化の存在すら意識されないようになってくるのです。先生でさえもこうした状態ですから、ましてや生徒は、すっかりBの文化に染まってしまい、B型人間になっていきます。フランスのP・ブルデューという人は、このような恣意的文化の、その権力性を隠した形での教え込みを、象徴的暴力と呼んでいます。

話は変わりますが、以前、市民の間で、長野の冬季オリンピック（一九九八年）招致をめぐる問題が大きな話題となっていたことはご承知だと思います。たかが四、五日の、それも「遊び」のために、貴重な自然を、広範囲にわたって破壊しようとしているのですから、反対の声が起きたのも当然です。

私も、当時は、東京で開かれた招致反対集会に参加してきましたが、会場は熱気に包まれていました。この集会では、オリンピックのことと同時に、スポーツそれ自身のあり方が大きな議論になりました。オリンピックやビッグスポーツイベントは、たいへん政治的なもので、人々の間に敵対感や差別を作りだすものであるから、オリンピックなど止めてしまった方がよいというのが、かなり多くの人々の意見でした。ここでは、スポーツ自身が問われているのですから、体育人の無言はもう許されなくなってきています。

このことからも、体育が、これまで、ある恣意的文化を支えてきたということがわかります。その点で、体育はある特定の文化を指導するための文化装置だといわれてもやむを得ないと思います。換言すれば、体育は、教育学の領域に入る活動ではなく、いわば「文化政治学（cultural politics）」の分野に入る問題だというわけです。L・アルチュセールという人も、学校教育を「国家のイデオロギー装置」の一つと考えていました。たしかに、体育は、「スポーツ」の指導その他を通して、全体主義的で保守的な文化・社会を育てるという、政治的役割を果たしてきたことは否定できません。今後は、体育を、むしろ政治そのものとして考えていった方が、体育の実態をより明らかにしていくのに適切であるとさえいえましょう。

もしも、体育が、教育学の領域に入るのだと主張したいならば、もう少し批判的精神がなければならないでしょう。しかし、考えてみると、現代の教育全体が、活性をなくしており、いわば文化政治学に属する活動をしているような気がします。

（2）調教体育を生み出すもの

次に、ではどうして調教体育が成り立ってくるのか、その原因、背景は何かということが問題になってきます。このことは、上述の、現代体育をどうとらえるかということと並んで、批判的体育社会学の重要課題です。調教体育の原因、背景については、一応「外圧」と「内圧」に区別してみることができるでしょう。

「外圧」とは、政治・経済・社会の動きや働きです。これには、政治や経済ということで、オリンピックや商業スポーツの動きも入れてみることもできます。あるいは、下部構造＋文化というとらえ方もできます。いずれにせよ、ここでは学校体育を取り巻いている要因として、これらを「外圧」と呼んでおきます。

これらのなかで、文科省が作成し、学校の教育内容を「国定化」する学習指導要領の繰り返される改訂は、表面に現れた重要な〝政治的〟な動きとしてみてよいでしょう。「生涯、体育をするような豊かでたくましい人間」をつくることが大きな目標になっていますが、これは、これからの体育に大きな影響を及ぼしてくることは必然です。しかし、これは一つの例です。この他にも多くの重要な外圧的要因があり、分析検討が必要だと思います。

それに対して、「内圧」とは、自分たちがそれを求めていく力を意味しています。前者を「外からの管理」というならば、後者は「内からの管理」ということになります。体育においては、この「内圧」というのがむしろ大きな問題だろうと思います。

というのは、体育人は、外圧を「外圧」とは考えない傾向があるからです。学習指導要領に、正面から反対するような動きが、これまでほとんどなかったことからもわかります。学習指導要領に書かれていることは、自分たちが考えていることでもあったのです。たとえ細かな点では意見の違いがあったとしても、大枠では違和感はなかったのです。

調教だ！軍国主義だ！反教育だ！といった声も、体育人の耳にはあまり入ってくることはありませんでした。ですから、自分たちがこれまで考え、行ってきたことをそのまま「素直に」発揮していればそれでよかったのです。そして「自分たちは自由だ」と思っていたのです。このような意識が、まさに「内圧」として働いてきたといえましょう。

「外圧」と「内圧」は、密接に関係していることはいうまでもありません。上述のことからもわかるように、「内圧」は「外圧」と一致し「内圧」は「外圧」となっているのです。したがって、単なる裏ハラの関係以上の、複雑な関係がそこにはあるといえましょう。

（3）体育制度と権力性

「内圧」には、体育「制度」の権力性、暴力性というものも関係してきます。体育は、どの学校レベルでも必修ですし、体育人も一応専門家として扱われています。換言すれば、体育は、政治的に保護されているとともに、「権威」という「衣」によって強化されているのです。

多くの場合、体育人が威張っているのは、こうした「からくり」のおかげなのです。しかし、それが意識できないで、自分たちの力だと錯覚すると、とんでもないことになります。体育においては、暴力事件が後を絶ちませんが、その背景には、このような、体育制度（体育人も含む）の権力性、暴力性というものが関係しているといえましょう。

体育は、制度的な「硬直化」をきたしています。体育は、自分たちにどんなに批判があろうと、従来通りにやっていれば、さほど問題はなかったのでしょう。社会がどんなに変わろうと、また人々がどんな願いをもっていようと、それをアレコレ苦にする必要はなかったのです。このような硬直性が、調教体育を生み出してきたと思います。

ですから、内部批判が必要なのですが、多くの他の制度がそうであるように、内部批判、内部告発ということは非常に難しいのです。特に体育では、先輩―後輩の関係が強いので、思ったことを言ったりやったりするには勇気が必要です。教育市民運動とか、批判的体育学などといい出してこざるを得ないのは、体育がこういう状況にあるからなのです。

ここで、こういう体育を支えてきた、体育言説や体育学研究のあり方ということが問題になってきます。考えてみると、このことがいちばん大きな問題であるように思われます。体育と同じように、体育学研究も、「体制化」し、「権力化」し、「硬直化」しているという批判は免れないでしょう。体育学は、体育の存在に疑問を抱くことなく、それを強化することを使命としてきました。換言すれば、体育学自体が、「教育の技術主義運動」みたいになってしまっていたのです。これでは、まともな体育言説の創出は期待できません。

たとえば、体育学会は、これまで市民の批判に耳を傾けるようなことは、ほとんどしてきませんでした。このように硬直した研究体制は、硬直した理論しか生み出さないのです。これには、私たち体育社会学の責任も大きかったと思います。体育社会学は、あまり「体育」自体のことを研究してきませんでしたし、研究したとしても、他の個別科学と同じように、どちらかというと指導技術の社会学みたいなところに精力を使ってきたのです。

以上、調教体育の背景として、体育制度の権力性、暴力性ということが深く関係していることを述べてきました。体育制度は、体育人の意識や、これまでの体育研究のあり方などの結晶（?）でもあったのです。ですから、これから体育をどうするかということを考える場合、こうした点に十分目を向けていかなければならないと思います。

第八節　これからの体育について考える

（1）体育の構造と実践

次に、これからの体育について考えてみましょう。これからの体育のあり方は、基本的に現状批判と現状分析に基づきます。しかし、今後どうするかとか、どうあるべきかということを考えることは、現状批判や認識をいっそう深いものにしていくのにも役立ちます。これからの体育のあり方については、いわゆる構造と実践の両面を考えてみなければならないと思います。ここで構造とは、社会的諸要因の一つの固定的な関係を意味しています。構造を変えないと実践は変わりませんし、実践は構造を変えていくことを考えなければなりません。そこで、ここでは、はじめに、これからの体育の構造について考えてみることにします。

（2）これまでの体育の構造

体育の構造のとらえ方は多様です。人によっていろいろなとらえ方があると思います。ところで、これからの体育の構造を考える場合、これまでの体育の構造はどうなっていたのか、ということが、まず問題になってきます。

現在の体育の状況については、これまでいろいろと指摘してきました。そこで、はじめに、その主な点を、再整理してみることによって、構造を考えてみることにしましょう。
・体育は、子どもたちの「調教」を通して、「社会管理」的役割を果たしている。
・体育は、恣意的文化の強制により、象徴的暴力装置として機能している。
・そのために、子どもと教師の間に強い壁が作りだされる。
・硬直化した体育制度は、調教体育を生み出す。
・硬直化した体育制度は、政治的に作られるとともに、その強い支持を受けている。
・硬直化した体育制度は、細分化し硬直化した体育研究の作り出す体育言説に支えられている。
・硬直化した体育制度は、体育の戦争責任の歴史の風化の上に成り立つ。
・体育教師は、そのような体育制度に必ずしも違和感をもっていない。
・したがって体育教師は、その「政治性」について意識することが少ない。
・体育制度や政治との間に矛盾を感じないことは、「学校」や「教育」を絶対視している教育・体育言説に支配されていることにも関係している。
・「教育」は、基本的に産業化社会の様式である。
・このような点で、政治や経済の「外圧」は、むしろ体育教師の内部に、意識や理論として存在することになる。
・教師は、自分たちの内にある「壁」に気付くことは少なく、善意による指導が先行し、良心的教師は「燃え尽き」る。
・学校・体育制度は、政治や産業社会には開かれているけれども、親や市民や民衆文化には開かれていない。
・親や市民、子どもも、現代産業化社会の下で生活している。

(3) これからの体育の構造

では、これからの体育は、どうあればよいのでしょうか。基本的には、上述のような状況と関係が逆転されなければならないでしょう。大筋は次のとおりです。
・学校の抵抗の「壁」は、政治的支配に対しては作られるが、親や市民に対しては開放される。
・カリキュラムは、先生と親、市民、子どもたちの話し合いによって作られる。
・学習する文化は、子どもたち自身のものとなる。
・学習は、新しい文化・社会を創るための、生徒と教師の協働的運動となる。
・教師と生徒の関係は、縦から横に変わる。
・学校は、親や市民と一緒になって、自律的な民衆文化を育て、守る。
・体育教師は、従来の「体育言説」に対する活力ある批判者となる。

現代社会においては、「教育」を産業化社会の一様式として、完全に否定してしまうことは難しいと思います。また現実的でもありません。しかし、いまの学校を上述の構造に変えることはできると思います。それは、何も新しい学校を考えなくても、公立学校で実現していくことが、十分可能だと思うのです。

第九節　これからの体育実践について

（1）〝運動〟なき体育

体育の実践において重要なことは、上述のような構造を目標にしながら、日常の体育をどのように行っていくかということでしょう。体育の実践というと、毎時間の授業をどうするか、というように狭くとられがちですが、構造を変えるということも実は大事な実践なのです。

体育が、調教体育や管理体育に落ち込んでしまったのは、あまり日常実践にだけとらわれすぎて、構造を変えるということに目が届かなかったためではないかと思っています。構造を変えるということは、社会を変えるということにも関連しています。そしていまは、社会と調教体育を同時的に変えていく戦略が重要になってきているのです。

それなのに、体育人は、日常実践のなかでもいつも狭い実践、私はそれを「タコツボ実践」と呼んでいますが、そのような実践に入り込んでいて、構造を変えるという実践を忘れてきたのです。「タコツボ実践」は、一見、子どものためにということで、一生懸命やっているように見えますが、本当に子どものためになっているかどうか、はなはだ疑問なのです。

教師が、今の制度や社会に疑問を感じない、忠順な「体制のしもべ」であるならば、子どももそうなりがちです。ですから、「タコツボ実践」の、いわゆる「逆生産性」ということを十分考えてみなければならないのです。

私は、また、このように、ひたすら「管理体育」路線を追及している状況を、「運動なき体育」と呼ぶことにもしています。体育は、教育の一環として考えるならば、いろいろな意味で〃運動〃でなければならないのです。もちろん、構造を変えていくのもその一つです。ジローに言わせると、Cultural struggle の場です。これまで体育は、たしかに運動や“struggle(Competition)”を指導してきました。しかし皮肉なことに、教育や文化のもう一面である、社会〃運動〃性を忘れてきたのです。

このことは、体育実践のとらえ方の誤りと一緒に考えてみなければならないことです。だいたい、運動は、〃運動〃だったのですが、体育が、そのような〃運動〃性を失ったとき、体育自身が、「体制のしもべ」になり、調教体育を生み出したのです。

そこで今後の実践においては、特に次の二つのことについて、考えていくことが大事になってきているように思われます。

①運動が〝運動〟であったことの自覚と、新しい活動の創造

②教育市民運動との連携等

次に、この二つのことについて少し説明することにします。

①は、いま、後段で述べたことに関係しているのですが、体育の中身から活性化を図るにはどうするかということにかかわっています。それに対して②は、主に〝日常実践〟(指導実践)でない実践――ここでは「もう一つの実践」と呼ぶことにしますが、それにかかわっています。以下に述べる(2)(3)は前者に関係し、(4)(5)は後者に関することです。

(2) 社会的運動としての体育・スポーツ(運動)

少し横道にそれるかもしれませんが、はじめに「運動が〝運動〟であった」歴史について話してみましょう。前にも述べましたが、近代「スポーツ」が成立してくる以前の民衆娯楽は、社会秩序に対する無視や嘲笑、あるいは批判や反抗を含んでいました。その意味で、一種の社会運動でもあったのです。イギリスにおける民衆のフットボールは、よくダムの打ち壊し運動や、食料暴動に利用されたことが記されています。

日本でも、そうした例があります。たとえば、江戸後期の岩手地方の「鬼剣舞」は、一揆と結び付き、藩主に恐れられていました。そして、藩法で禁止されたほどでした。また、

大正から昭和の初期にかけての労働者スポーツ運動も、こうした運動の一つとしてみることができると思います。

さらに、戦後は、平和と民主主義がどの分野でも強調されましたが、特にスポーツや体育は、そのシンボルのように見なされました。しかし、それが、実質的に、どれほど平和運動や民主化運動を担っていたか、ということになるとはなはだ疑問でした。けれども、体育、スポーツがそのように見られた時代もあったことは確かです。

それから、明治のはじめ頃に、地域社会で行われていた運動会も、いまの運動会とはその様相を全く異にしていました。明治十年代の運動会は、極めて民衆的なものであったことは知られていいます。それは、自由運動会と称されるような特殊なものであったかもしれませんが、運動はまさに〝運動〟だったのです。運動会では、旗奪いや球奪い、綱引き、撃剣試合などが行われた後、盛大な祝宴と自由民権の大演説会が特長だったといわれています。

たとえば、愛知県では、一八八三年（明治十六年）の八月二十一日に、海部郡の甚目寺町の甚目寺境内で、「野試合大撃剣会」が開かれています。参加者千五百人、見物人は「其幾千万人といふ数を知らず」でした。自由運動会の詳しいことは、岩波書店の『民衆運動』（日本近代思想体系21）という本に書かれています。いずれにせよ、こういう運動会が、昔行われていたということを、私たちは知らなければならないでしょう。しかし、こういう運動会も、ひとたび学校を通過すると、全く変質してしまい、その〝運動〟性がどこかにいってしまうのです。

一八八五年には、東京府から、「公私学校生徒運動との件」という通達が出され、小学校にいたるまで、運動会は届出制になりました。そして、教師の「監視取締」が要求され、運動会における社会風刺や政治批判報道はすっかり姿を消してしまったのです。これからもわかるように、学校や体育は、民衆娯楽からその〝運動〟性を取り去ってしまい、「無害」なものにしてしまうのが、全く得意な機関なのです。

その意味で、私は、学校体育を、「脱運動装置」と呼んだりしています。前には、学校体育を、「換楽装置」と呼びました。そこで私は、それらを一緒にして、「脱運動換楽装置」と呼ぶことにしています。ここで私たちが、よく頭に入れておかなければならないことは、運動は〝運動〟であったということと、それが学校によって変えられてきたという歴史です。その過程において、いろいろな「脱〝運動〟」のための言説が用いられてきたと思います。「スポーツは、攻撃性を健全な形で発散させる」というのもその一つでしょう。こうした点においても、体育言説の見直しが必要なのです。

（3）新しいアクティビティを創る

これらのことから、私たちの現在行っている「体育」が、いかに政治的かということがわかると思います。そうかといって、体育は、直ちに社会運動をやれということをいうつもりはありません。現在の学校体制のなかにおいては、それには多くの困難があります。けれども、これまでの体育の構造を変えていくためには、授業のアクティビティを変えていくということが、いちばん重要なことであると思います。そして、新しいアクティビティを考える場合、昔、〝運動〟が果たしていた役割を考えることは、大いに参考になると思います。

そうした点で、現在の体育は、社会的運動との関連性をもう少し考え、体育実践に取り入れていくような工夫がなされてもよいでしょう。

たとえば、「反オリンピック」や「反国体」をテーマにした体育授業があってもよいと思います。そして、「反長野オリンピック法則化運動」などが生まれたら、楽しいかもしれません。そのためには、スポーツのビッグイベントの問題性について、十分な哲学が必要なことはいうまでもありません。ビッグイベントは、現在の、わが国の問題多きスポーツ構造と、密接に関連していることは明らかです。それに、最近では、しきりに地域開発への貢献が強調されていますが、住民抜きの「上からの開発」は、決して、真の意味での「村起こし」にはならないことも十分予想できます。

いずれにせよ、新しい体育実践は、従来の体育制度に「共鳴」を引き起こし、変更を生み出すようなものでなければならないと考えています。たとえば、「これがホントの国体だ」

とか、「反原発運動会」のようなカリキュラムは、多かれ少なかれ、今の体育制度との間にコンフリクトを引き起こしてくることは確かでしょう。

逆にいうと、体育制度や社会に「共振」を引き起こさないような実践は、どこかマンネリに陥っていると考えられましょう。しかし、こうした実践を、しょっちゅうやっていくのもシンドイ話です。ですから、一年の間に、一人が、少なくても一、二回はこうしたアクティビティを工夫していくようにしたらよいと思います。

ここで、面白い実践を一つ紹介しましょう。それは、私たちが注目した、大阪の小学校の「実践」です。この小学校では、「ああ、おもろかった」といえる授業を、体育部の研究主題としてきました。そして、たとえば三年生の授業は、「いろんな器具を使い工夫して遊ぶ」ことを目標に、「児童にやりたいようにやらせる」ことをほぼ一年間やってきました。そして、それなりの「効果」のあったことが指摘されています。

特に面白かったのは、その指導案です。指導案というのは、普通二、三ページにわたるものなのですが、ここではたったの四、五行しかありません。「児童のやりたいようにやらせる」のですから、教師の「指導上の留意点」は、「できるだけ口も手も出さず、観察に徹する」ということになって、何も書くことがなくなるのです。ここには、今の体育授業の形式主義や事大主義に対する皮肉が込められていることはいうまでもありません。

家庭科の授業ですが、神奈川県の名取弘文先生の面白い実践もありました。家庭科の授業で、ソバを作ったり、石鹸を作ったり、授業の内容も大変ユニークなのですが、方法もユニークです。それは、授業を地域社会に開き、親や市民と一緒になって授業（?）をやっているからです。

たとえば、原発問題についての研究授業では、参観に来た原発反対運動をやっている市民に、その場で頼んで話をしてもらったりしています。そして、授業は、ただそのときだけに終わらず、その後も文通を通して、子どもたちの疑問に答えてもらうようなこともしています。これは、名取さんの実践のほんの一端ですが、彼の実践は、私たちも学ぶところが多いと思います。

私は、このようなユニークな実践を「市民カリキュラム」と呼ぶことにしています。それは、このような実践が、市民の立場から発想し、市民と一緒になってカリキュラムを作ろうとしていると考えられるからです。そして、今の体育の構造に疑問をもち、少しでもそれを変えることを試みています。今は、こうした体育の「市民カリキュラム」を一つでも多く作っていく時ではないかと思っています。私たちのトロプス実践も入ってくるでしょう。何しろ、愉快で、子どもたちも夢中になるものでなければなりません。

そのためには、まずもって、先生がもっと「冒険心」をもたなければならないでしょう。何か新しいことをやろうとすると、すぐ親が反対するということがいわれ続けてきましたが、それが本当かどうかは別として、そうしているうちに先生の方がすっかり「冒険心」

を失ってしまったようです。

ともあれ、新しい発想によるカリキュラムがたくさんできたときには、今の体育も変わっていくと思います。そこで、これから百ぐらいを目標に、みんなで「市民カリキュラム」を作ることにしましょう。私たち体育人なら、話がわかれば、百ぐらいはすぐ作ってしまいますよ！

（4）親や市民との連携等

このような新しいアクティビティを展開していくためには、親や市民との連携が必要です。特に、新しい活動を、学校の外まで広げてやろうとすると、どうしても親や市民の協力が必要になってきます。それよりも、新しいことをやりはじめると、まず学校と衝突を起こします。そのとき、親や市民にまでも反対されたらやれません。もし学校と衝突したときには、少なくとも親や市民からは応援してもらう必要があります。そのために、あらかじめよい協力関係を作っておくことが大事なのです。先生にとっては、時々、市民運動の集会に顔を出しておくことなどは、絶対必要なことです。

教師にとって、親や市民との連携は、ただそうした実利的な意味からだけではありません。ここで改めていう必要はないかと思いますが、親や市民との話し合いが大切なのは、自分たちの心のなかにある「壁」に気付かせてくれるからなのです。体育の実践の中心となるのは、体育の教師です。そして、教師をして、構造変革の新しい実践に向けるのは、多くの場合、この「壁」を意識したときです。この心のなかの「壁」は、いい加減にしているとすぐ霞んでしまいます。ですから、いつも意識させてくれるような場に、自分を置いておくことが重要になってきます。このような場としては、市民運動が最適でしょう。また、研究ということも大事です。しかし、官制の研修だけはだめですよ！　あれは、健康によくありません。

この「壁」を意識するというのは、少し大げさにいうと、文化のコンフリクトの深淵を垣間見る！ということを意味しています。考えてみると、体育実践といっても、人によってそれほど大きな違いはありません。だいたい文化というものは、ここからここまでがAの文化で、ここからはBの文化だというように、単純に割り切ることはできません。実際は、一つの文化のなかに、また一つの実践のなかに、この両者が共存しているといってもよいのです。ですから「壁」を意識するということは、一つの実践のなかに、文化のコンフリクトの深淵をどのくらい垣間見ることができるか、ということに関係してきます。それが、変革への原動力になるといえましょう。

「壁」を意識させてくれるのは、親や市民だけではありません。何といっても大きい力になるのは、生徒や学生です。彼等は、教師がいかに官僚的で、自分たちに都合のよい言説に染まっているかを教えてくれます。考えてみると、子どもたちは、生徒や学生である前に、現代社会で苦労や喜びを分かち合っている、仲間たちなのです。ですから、運動としての体育は、何よりも教師と、共同運動者としての子どもたちとの連係で生まれてくるといえましょう。教師と生徒の間に、支配―服従の関係を作り出しているヒマはないのです。

（5）教師自身の運動等

最後に、教師自身の運動についても、触れておかなければなりません。教師は、学校を越えて、集まり（グループ）を作ることが必要になります。現在の体制のなかにおいては、実際、ポストに忠実ならんとすると、ポストが危うくなるという構造があるからです。自分たちの仕事のことについて、教育委員会と交渉し、文部省にモノいうことが当然必要になってきます。このこととかかわって、自分たちの勉強会も、非常に大事になってきます。これらは、前に述べた、「もう一つの教育実践」の内容です。このような実践の軽視ないしは無視が、日常の実践をダメにしたことは前に述べたとおりです。

しかし、なぜかいまは、「タコツボ実践」や「タコツボ研究」、「タコツボ教員養成」が幅を利かせているのです。一般に、官制の研修や研究会は、そのような実践を強化しようとしています。ですから、精神衛生上も健康に悪いです。たとえば、学習「意欲」を高めるにはどうしたらよいか、というようなことを大真面日で議論しているのです。意欲がなければ、そんな学習を止めて、別なものを考えればよいのです。それは、素人の考えかもしれませんが、学習の内容はあまり問題にしないで、意欲の方だけ何とかしようとしているのが問題なのです。これはタコツボ研究会の、ほんの一例です。こんな研究では、いくらやっても、体育はよくならないでしょう。

それに対して自分たちの集まりでは、もちろん日常実践についても話し合われます。けれどもその内容は、構造を変えることを視野に入れた、ユニークな実践についての話になるでしょう。同時に、上述のような理由から、もう一つの実践について情報を交換したり、意見を交換したりすることが、どうしても大きなウエイトを占めてくるようになると思います。

教師の運動においてもう一つ大事なことは、体育言説（体育の通説）の見直しということです。体育を変えていくためには、徹底的な体育言説の見直しが必要なことは、これまで述べてきたことからもおわかりいただけると思います。私は、いつの日か、体育言説の社会学について書きたいと思っていますが、問題がたくさんあるような気がします。

体育言説には、大きく分けると、「学校言説」にかかわるものと、「教育言説」にかかわるものとがあります。ここでのくわしい説明は省略しますが、この両者を極において、今後体育言説を吟味していくことは重要だと思います。極端にいうと、制度としての体育を改善しても、必ずしもすべての問題解決になるとは思えないからです。その点で、当然、教え―学ぶという、現代社会において一般的な教育様式が問題になってくるでしょう。ともあれ、体育教師は、体育言説の欺瞞性を明らかにしていくのに、いちばん近いところにいることは確かです。また、体育言説の「被害者」でもあります。

【注：いうまでもありませんが、この「論文」も一つの体育言説です。とかく全体がよくまとまっているような場合には、眉つばのことが多いのです。現実は、そんなに単純ではありません。その点、この論文は、全くバラバラですよね。アーよかった！】

なお、終わりになりましたが、実は、子どもたちが、教育の主体者なのです。子どもたちは、決して管理されたり教えられたりしてばかりいるような存在ではありません。その意味で、教師の集まりが重要であるように、子どもたちの集まりも重要になってきます。その一環として、子どもたちの自律的な集団としての運動部のあり方なども、重要な研究課題になってくるでしょう。これらのことについても、機会を改めて書いてみたいと考えています。いずれにしても、子どもたちこそが教育運動の主体者であり、学習はその一環でもあるということを忘れてはならないと思います。

おわりに

以上で、この「大」論文を終わることにします。当初は、数ページで終えるつもりでいたのですが、説明が長くなって、こんなに長編になってしまいました。読む方もさぞかし大変だったと思います。すみません。年をとると、どうも話が長くなるようです。それでも、私は、まだ書き足りないところがたくさんあるような気がします。また読者も、疑問に感じられたところがあったでしょう。

そうです、そのはずです。ですから私は、編集者がどんなに反対しても、次回に続編を断固として書きたいと思っています。批判がどう深化し、発展していくか、次を期待していてください。

いままた「天皇制」の季節を迎えようとしています。このときにあたり、体育の問題点を考えてみました。体育では、依然として暴力事件が後を絶ちません。このことは、もちろん大問題ですが、それよりもこうした事件を生み出す、体育、スポーツのもつ封建的体質が問題だと思います。「なぜ並ばせてばかりいるの」という先のお母さんの疑問は、体育のもつ全体主義的傾向に対する危惧の念の表われだったのです。そこにメスを入れなければという私の思いと反省が、この「大」論文を書かせたと思います。

この長編では、体育や体育人をずいぶん批判してきました。体育人のなかには、よい人もたくさんいます。そのことは、私がいちばんよく知っています。また、親や市民がすべてよいわけでもありません。しかし、あえて強く批判してきたのは、上述のような思いと反省からです。

これまで、体育は、確かに、今の硬直化した教育を支えてきました。けれども、今の硬直化した教育を変え得るのも体育だと、私は信じています。そのこともここで指摘しておきたいと思います。体育人の明るさと機知、パロディ精神および行動力は、変革に必要です。その意味で、私は体育人であることを誇りに思っています。しかし、体育が本当の力を発揮していくためには、批判が必要なのです。そのために私は、きっとこれからも批判を続けるだろうと思います。

しかし、私の耳には、批判が足りない！批判が甘い！という声が聞こえてくるような気がします。私の仲間は、キツイのですよ。

今回は、体育社会学の課題を探るということも、念頭に置いて書きました。そのために、記述が長くなったり、横道にそれたりしたところがありました。もちろん、課題は、これ以外にもたくさんあります。けれども、今回取り上げた問題は限られていたとしても、これから体育社会学を研究しようとされる方に、少しは参考になったのではないかと思っています。

＊この文章は、一九八九年開催の「批判的体育・スポーツフォーラム」のために書かれたものである。（岡崎）

■影山体育学の核心とは何か

岡崎　勝

ここでは、「教育と体育」について影山が考え実践してきたことを整理してみたいと思う。都立大学で教えていた影山は一九七六年に愛知教育大学に赴任し、「五十日会」という私的な研究会を開催した。この五十日会は、「人間は五十日くらいの間に変革進歩するはずだ」という意味で影山が名付けた。さらに、東海体育・スポーツ社会学研究会にも参加した。

しかし、影山のスポーツ・体育学は大学や研究室に留まらない。影山はそれらの研究と並行して、「名古屋オリンピック招致」「愛知の管理主義教育」「愛知国体」「インターハイ」「愛知万博」など、行政の施策、その時々において実施されるビッグスポーツイベントと「お祭り型公共投資」に対し、積極的果敢に批判と問題提起をしてきた。必ず「体育・スポーツ研究者」として「市民運動」に参加、牽引したのである。

1　体育・スポーツ教育の課題の先見性とその「普遍」性

影山は戦後の体育社会学の先駆的研究者であった。そして一九八二年の『体育授業のための社会学』(日本体育社)や『シリーズ・スポーツを考える』(全五巻・大修館書店、一九七七年)を編みながら、体育・スポーツ教育論について次のような指摘を行っている。

- ・従来の体育の問題に対する反省と批判
- ・運動文化＝スポーツに対する新たな認識
- ・大衆スポーツをめぐるさまざまな課題の解決の必要
- ・国民の権利としてのスポーツ学習権に対する認識

後に国民の権利としてのスポーツについては「反名古屋オリンピック運動」のなかでさらに整理されて「権利は闘争によって勝ち取られる」ことを強く意識し、机上の権利論や先験的権利論については厳しく批判・吟味すべきだと述べた。そして、安易に権利を振り回すのではなく、市民が歴史的に相対化しながら、自らの生活のなかで「権利を獲得」するために行動することが必然であると、語るようになる。

このときすでに、イリイチの『脱学校化論』や隠れたカリキュラム論に触れながら、体育授業を社会現象としてとらえ、体育の授業も「制度論」抜きでは語れないと断じ、子どもの健康や体力を高めようとすればするほど、国民の健康や体力は低下すると述べている。

さらに、文化論的には、学校で「スポーツ」を重視するあまり、地域の伝統的な運動や文化を破壊してきたのではないかともいう。また、学校体育は「さまざまな問題のある社会」を内部的に支えるように働いているのではないかと強く疑問を呈している。

こうしてみると、それから四十年たった現在も、影山の提起したその「諸課題」は何も改善されていないことがわかる。

主として影山の体育学は特徴的に三点を挙げることができる。

①競争原理から協働原理としてのトロプス（TROPS）の考案。

②管理主義教育における体育教師の役割と「良い授業」の問題点。

③健康と体力神話からの脱却。

以下、順に述べていこう。

2　体育とは何か？「競争原理のスポーツ」から「協働原理のトロプス」へ

愛知教育大学の影山研究室では現場教員の授業研究だけではなく、当時は現代思想や環境問題のテーマで何度も会がもたれた。反原発の活動にかかわっている市民や、トヨタの現場労働者に話を聞くということもあった。

普段から影山は教育、学校、体育はすべて社会全体の問題に強く関係づけられているととらえ、かつ、その問題は、その社会に異議申し立てをしている「少数者」がより鮮明に表現していると考えていた。実際、直接、当事者に話を聞くということが原則になっていた。

そんなときに、影山がある本を紹介した。それはカナダのテリー・オーリックの書物であった。オールタナティブなスポーツやゲームが理論的に紹介され、競争原理よりも協働原理がいまの産業社会には重要ではないかということを提案していた。

オーリックは協働的な運動やスポーツをいくつか紹介する本を書いている。しかし、スポーツ心理学の専門家なので、コーチングやアスリートのための本もいくつか書いており、協働的なゲームについては卓見も見られるが、スポーツ全体については、かなり現状肯定的な論じ方をしているように想われる。したがって、オリンピックやスポーツアスリートへの問題意識もかなり浅く、政治学的社会学的なものではないので、影山はオーリックの思想を全面的に肯定していたわけではない。

それらのゲームやスポーツを読みながら、実際の授業でもやってみようということになった。具体的にこの「競争か協働か」という軸で考えることにより、現代体育の批判はかなり鮮明になってきた。

さらにいくつかの体育の教材や授業、指導論などの現実を考えると、いままで当たり前だと思ってきた競争原理を主軸とする体育の風景がすべて根底的に考え直すべき対象ではないかということになった。

競争は序列と排除を必然とし、その矛盾や確執に対しては「勝っておごらず、負けて悔やまず」という気休め的な道徳訓辞のみである。

その後、影山に薦められ、私自身がこの競争原理批判を基本にして、学校教育の現場で教育や体育に取り組むことになった。一方で、影山は、この協働原理の運動ゲームを集積し、学校以外のさまざまな市民運動の場で発表することにエネルギーを注いだ。

とりわけ、体育が苦手、「スポーツはちょっと……」という人たちのなかに入り、「競争原理でなくても楽しめることはたくさんあるのです」と言いながら、これらの協働原理を主軸としたゲーム群（スポーツSPORTを逆さ読みにしてトロプスTROPSとした。命名者は山本芳幹）を紹介して全国を飛び回った。『みんなでトロプス』（風媒社）は多くのメディアや市民運動でも注目を浴びた。

そうした講習会やワークショップで必ず「体育嫌い、いいじゃないですか。いまの体育が嫌いとか苦手だという人の方が正しいのかもしれません。早く走れない？　いいですねえ。ゆっくり景色を楽しみながら走れば、いいえ、歩けばいいのです。スポーツは大嫌いですか。それでもぜんぜんかまいませんよ。身体を動かす方法ややり方なんていろいろあるんです」と笑いながら参加者に語っていた。

体育の得意な教師やインストラクターには「そもそも体育で健康な身体ができるんでしょうか？」「体力ってなんですか？」「運動嫌いの正論を聞いたことがありますか？」と反省（？）を迫る。

「トロプスはあくまで対抗価値であり、自らを問い直す契機としていいですね」といわれると、即座に「それ以上の意味がある。競争原理に支配された現代社会を変革する一つの重要な文化、オールタナティブなものなのだ」と影山は断じた。

私自身がこれを体育の授業で取り入れたときに、名古屋市教育委員会は「楽しいだけでは頑張る力が育たない」と批判し、体育研究者のなかには「よい競争と悪い競争がある」という極めて恣意的な批判をする者もいた。

＊ただ、後日談ではあるが、彼らの一部が、トロプスをそのまま自分たちの教材本に掲載しているのにはかなり驚いた。そのことを影山に知らせると、「そうですか」と微笑んだだけであった。

3　体育教師という存在について

影山は体育教師については、基本的に教養の不足がいちばん問題だとよく言っていた。教養というのは、具体的には人権意識、政治意識、市民的感覚である。とりわけ、愛知の管理主義教育については、自分の住んでいる岡崎市で中学生が生活指導のあと自死をしていることに問題意識をもたない教師たちに衝撃を受けた。

愛知県の管理主義教育は一九八〇年初頭には全国的に有名になった。とりわけ影山の住んでいる三河地区はその異常さもめだち、全員丸刈り強制など話題に事欠かなかった。当時は新設高校が特にひどく、集団行動訓練などで生活指導も熾烈を極めた。忘れ物の罰として、忘れ物の数×十回「てんのーへーかばんざーい」を連呼させるなどというばかげたことが平然と行われていたのだ。

しかもそういうばかげた管理主義教育の指導の中心には常に体育教師がいた。自分の勤務している大学が、学閥で有名な愛知教育大学であり、その卒業生が、管理主義教育を担っているという現実にはかなり打ちのめされ、怒りを露わにしていた。

このことを契機にして「体育とは何か？」という問題を現実に照らし合わせて考えていくという影山の批判的体育学研究の必然性があった。

ある高校の集団行動訓練を見学に行ったことがある。眼前で行われている訓練は、「集まれー」の号令でリーダーの前に集合し、「第○班、○名集合、異常ありません」など大声で班長が報告し、また、リーダーが別の場所へ移動すると、そのグループは駆け足でその場所に行き、整列し、同じように大声で報告するということを繰り返した。一時間それを続けているのを見て、私たちは愕然としたものだ。笑うに笑えない事態にほとほと困ったのだ。しかし、これがまさに管理主義教育であり、体育教師は自慢げに、うれしそうに叱咤激励しているのである。

このあと「岡崎市の教育を考える市民の会」を立ち上げ、愛知全体の管理主義教育批判の市民運動をはじめたのだ。

こうした管理主義教育を支える体育教師たちを単純に批判するだけではなかなか状況は変わらないということもある。実は体育教師の問題行動は、体育研究者にとってはあまり見たくないものであり、ひょっとすると自分自身が通ってきた道なので、批判は自分自身の問題を避けて通れないということにもなる。

影山は「批判しているだけではダメなのだ、学校の教師、保護者の誰でもいいから、現状を変えようとしている人たちを支援し、自分たちにできることをはっきりと行動に移すということが重要なのだ」とシンプルだが、大学の教師としてはかなり勇気のある発言をする。地元の教育委員会や愛知県教育委員会まで足を運び、要請や抗議の文章を作成し渡した。また、多くの支持者を集め、なんども集会を重ねて本当に地元主義といっていいような地味な活動を続けていた。

『がやがやジャーナル』という市民運動情報誌を手作りで毎月作成し配布し、県内の市民運動を、ジャンルを超えて繋げようとした。

影山は『草の根教育運動のために：愛知の教育現場からの報告』（国土社、一九八三年）を多くの現場教師や市民に執筆協力を得て刊行した。教育市民運動の整理をしながら、愛知県全体に運動を拡大していった。次第に「愛知には影山健という教員養成大学の先生でありながら現場の問題に果敢に取り組んでいる人がいる」と人々の知るところとなり、愛知だけでなく、全国的に講演やレクチャーを依頼されてますます多忙になった。

だが、多くの体育教師たちは、逆に影山の問題提起に尻込みするか逃げ出すことが多く、陰口も増えた。影山はそれに対しいいたいことはたくさんあったろうが、決して個人攻撃をすることなく、「彼らも困っているのだ。学校の暴力団のような生活指導専門の体育教師であることをやめ、体育教師に誇りがもてるように自分が変わっていくしかない」と私には何度か残念な気持ちを話していた。

4　健康と体力づくりについて

影山は健康や体力作りにおいても常に根本的な問題意識をもち続け、とりわけ中国の「養生法」に関して六十歳代後半から研究をはじめ、日常生活に密着した健康思想を論じてきた。西洋医学が基本になっている健康法に、中国の養生法の考え方を比較しながら、自分なりの健康法を考えなければならないということを繰り返し述べている。自然科学的な知見を基礎にしている日本の健康法には「健康の哲学」がないといいたかったのである。

影山は「運動がダメなら頭を使え」といい、健康のために運動しなければならないと思い込んでいる「運動強迫観念」の持ち主には警告を発している。頭を使うという集中力は運動にまさることもあるのだという主張は、運動が不得意な人へのエールでもある。

人間の身体の三つの側面として「法身」「報身」「化身」を挙げ、「他者のためによきことをなす」というところに健康の中心を置くのだという。病気になっても「他者のためにできることはある」と述べ、「病気になったからこそ、新しく感じたり考えたりすることがある」と断じている。

また「スポーツ」については手厳しく、夢中になることを諌めている。スポーツに夢中になるあまりに「社会問題への関心が薄くなったり、世の中のことを競争や力の大小で判断したりするようになると大変です」と述べている。健康を根本から考えたときにはこうした「思想・哲学」を考えることが不可欠なのだ。

こうした健康についての考え方は「体力づくり」への批判にも通底することが多かった。最近もそうだが、体育の専門分野では、一九六四年東京オリンピック以降、どちらかというと生理学的研究が「主流」扱いをされてきた。つまり、当時、東京オリンピックで陸上競技をはじめ、日本の選手が「悲惨な結果」におわり、欧米との体力差、体格差への劣等感が日本の体育関係者たちをおそったのだ。

その劣等感の反動として、学習指導要領の一九六八年改訂で「体力づくり」が前面に押し出され、一九七〇年は体力づくりが全国の小中学校でブームとなった。影山はそれを苦々しく想い、ラットのように運動させられている子どもたちを見ながら「これは体育ではない」といっていた。

そしてその片棒を自分も担いでいるのではないかと自省し、体育生理学（主として生理学的に身体運動を研究する分野）が体力づくり研究にたこつぼ化することを批判していた。

つまり影山は「体力が低下しているとしたら、その原因は何か？」をきちんと探るべきであるというところに視点を置く。ところが、体育学の生理学分野ではそれは当然のごとく切り離される。なぜなら、社会や環境そのものを問題にしなければならなくなるからだ。

たとえば、「体力とは何か?」という問題をさておくにしても、体力がなぜ落ちてきているかというときの答えはむずかしくない。単純に「生活のなかで体力が必要でなくなったから」である。そこで、一九七〇年後半から一九八〇年にかけては「体力づくり」と称して、子どもたちに「運動」をさせようということに学校は奔走した。多くの学校では授業の空き時間に体力づくりのための運動(業間体育)をさせることにしたのだ。授業前の朝や下校前にも筋力トレーニングやサーキットトレーニング(業前業後体育)を、競争させたり、カードを使ったり、ちょっと楽しいという砂糖をまぶして子どもたちにやらせたのだ。

これは、自動車で移動することになった現代人が、スポーツトレーニングセンターでトレッドミルを使っているようなものだ。子どもの遊びという運動を剥奪し、ラットに回転車を与えたのと同じことだ。影山もこれにはかなり憤り、批判を続けたのである。本来の子どもの遊びを保障する空間と時間を取り戻すのが「体力づくり」なのだと。

5 研究者としての影山健

最後に、影山の研究者としての姿勢について述べなければならない。本書を読んでもらえば理解できるように、影山は研究に「市民感覚」「市民意識」「人権意識」「マイノリティーの重要性」「差別問題」などを常に意識している。いわゆる政治意識である。

むろん政治社会学として、政治制度と社会構造や社会意識を研究するという歴史的な研究態度をもっていたとは想うが、単にそれに留まらず、「立場と実践」を研究のなかに入れ込んだという点で特筆すべきところがある。つまり、影山は自分自身を市民の一員として位置づけるなかで、参加や行動、集い、抗議、主張を分析対象であると認識しつつも、当事者としてできるだけ自分を客観化して、再帰してまた動くというスタンスをとり続けた。

このことは、浅薄な「研究者が政治的な価値観の渦に巻き込まれたらダメである」という認識を問題にしていない。政治主義とは違うのだ。土井や山本も述べているように、影山は「楽しんでいたい」という感情が常に表に出ていた。たとえデモであれ座り込みであれ、それは悲惨であってはならないという、強い意志、あるいは気質といってもよいものがあった。

それは、時として「まじめ一直線」で市民運動をしている仲間からすれば、「甘い」と誤認されることもあった。あるいは七〇年代闘争経験者からは、「節操がない」などと揶揄されることもあった。しかしながら、融通無碍に市民的立場をとり続ける影山は、それを飲み込みながら、弱者に常に寛容であった。あまりに寛容すぎて電話相談や教育相談が「人生相談」になってしまうこともよくあった。

特に、市民運動として政治的に対立している相手にも「市民的共感」を期待し、偏見や先入観で人間を断罪することはしなかった。したがって、常に「右翼」「体制側」といわれる人にも平気で話しかけた。その真摯さで、反対派とも激さずに世間話ができるのである。

ところが、当時の多くの教育委員会や大学関係者はそういう影山を「敵対者」としか見ることができなかった。彼らは「ケツの穴が小さい」などという可愛いものではなく、彼ら自身の無知無教養と自信のなさで、極端な忌諱の態度を取らせたのである。「それはそれ、これはこれ」という程度の理性的判断と価値認識ができればよいのだ。したがって、影山の研究を評価したのは、体育学やスポーツ学研究者よりも他の分野の研究者も多かった。

しかし、決してスポーツ・体育研究を見切ることなく、体調の悪いにもかかわらず、晩年までスポーツ社会学の学会に参加し、分科会などでは、若い研究者にもきちんと、批判的な意見をぶつけていた。

影山が市民運動に参加しはじめた一九八〇年頃、私たちに次のように言ったことがある。

「体育人やスポーツマンがこれだけ、多くの市民や研究者に批判され、無教養だ！とバカにされていることは悲しいね。私たちは、体育人やスポーツマンであることから逃げずに、自分たちで、体育やスポーツを変えていく、変革することをもっと真剣に考えなければならないんだ。偉そうにする必要は全くないし、自分たちの至らなさや誤りを認める勇気もなければならない、根本的にね」と。

エスタブリッシュメントな「壁」に批判をするという影山の論理は、フランクフルト派ともハーバーマスたちの社会学とも異なっているようだ。ある意味、もっと素朴だが、それだけに彼らの批判よりも根底的になっている部分もある。現代のポスト新自由主義的な時代に、それがどう生きてくるのか、あるいはその批判戦略自体が変革を迫られているのかは定かでない。影山からそれをしっかり聞き取る時間はなかった。

おわりに

体育やスポーツのオールタナティブが、「ニュースポーツ」や「健康サービス」という商業戦略に収奪されてしまっている現在、私たちの課題は、影山が提起した「批判の論理」をどのように展開し、ポピュリズムや新しいファシズムに対抗できるのかを考えることにある。

多くの人々が健康のために、不健康な社会を作り出し、スポーツの楽しみのために疲弊するという逆生産の論理から脱出することが迫られている。それは、経済成長からの離脱や、発展神話からの解放でもある。

影山の批判的論理が、今度、どのような形で展開されればよいのか、私たちの課題と考えるべきだろう。

◇書籍解説　土井俊介◇◇◇

●『反オリンピック宣言　その神話と犯罪性をつく』影山健　岡崎勝　水田洋編著　風媒社

この本は、一九八一年十月十日の体育の日に発行された。この書はその発行日とは裏腹に、体育やスポーツ、オリンピックなどを手ひどく批判している。

本書を書くきっかけになったのは、一九七七年八月二十五日の仲谷愛知県知事（知事退職後自殺）の「一九八八、五輪を名古屋へ」の発言にはじまる。スポーツ・体育を研究する立場からオリンピックに対するさまざまな疑問が沸きはじめていたわれわれにとって、この発言は自分の町にやってくるオリンピックを足元で考えるきっかけとなった。また、時期を同じくして名古屋大学の水田洋研究室の院生らもこの問題を考えていた。われわれは早速、水田洋教授（退官後、名誉教授）および研究生らと交流会をもち、ともに「名古屋オリンピック招致」を批判するポジションをとって活動することとなった。

水田教授は「スポーツ研究者からのオリンピック批判もある」ということに驚きと賞賛を示し、われわれのさまざまな活動に尽力してくださった。

さらに、われらの師である故影山名誉教授の参加により、本書は高度なスポーツ社会学批判の観点を得るに至った。また岡崎氏の編集能力は群を抜いており、本書が以後のオリンピック問題に対しても有効に批判できたのは彼に負うところが多い。彼は後に「お・は」（ジャパンマシニスト刊）の編集人として活躍しており、これ以後の出版も数多い。現在のオリンピック問題に関しては本書を読んでおけば、それがたとえ一九八〇年代初頭のものであっても、十分通用する内容となっている。

●『みんなでトロプス！　敗者のないゲーム』影山健　岡崎勝編　風媒社

本書は、スポーツのアンチテーゼとして出版されたものである。この本では多くの協働的なゲームが提案され実践されている。発行は一九八四年四月二十五日になっており、すでに十刷以上増刷されている。内容は至って政治的で文化パラダイムを完全にひっくり返したものとなっている。

このなかで実践されたゲームは、実は名古屋オリンピック招致反対運動のときに、集会などのパフォーマンスとして逐一発表、実践され、楽しみながら市民運動に参加する新しいスタイルの参加形態を提案した。

トロプスは現在さまざまな教育現場で使われている。しかし、その大半は体育嫌いの生徒を、もう一度体育の授業に引き込むための対症療法として取り入れられている。それは「体ほぐし」であったり「運動を通じた仲間づくり」や「教え合い・助け合い」の授業であったりする。そこではトロプスのもっている社会・経済・文化的観点からの批判的視点が継承されているとは思われない。

ただ、指導者講習会などでトロプス的な運動の説明がなされるとき、その根底には従来の「競争的なスポーツ」を、根底から変えていかなければ体育の授業は成立しえなくなってくるという危機感はもっているようだ。

●『スポーツからトロプスへ　続・敗者のないゲーム入門』影山健　岡崎勝編　風媒社

この本は、以前出版された『みんなでトロプス』がアンチオリンピックの観点から書かれた政治的（草の根市民による）な本であるのに対して、むしろ実践的で具体的なトロプスゲームの紹介などに重きを置いて書かれている。

しかしながら本書においても前著『トロプス』と同様に政治的（草の根市民による）な視点を色濃く表明しているにもかかわらず、実際には、従来の体育の一部、たとえば「体ほぐし」＝準備運動のための実践書として利用されていることは確かである。

もちろんトロプスを実践することによって結局は政治的な活動に結び付いていくことになるのだが、その点について実践者が認識していたかどうかは明らかではない。『スポーツからトロプスへ』の本には、このなかで紹介されているゲームを実践していくことでより政治的な活動になっていく仕掛けがたくさん作られている。一見、反オリンピック運動から離れていったように思われるが、実際にはトロプスの神髄を心得た人はこの本がより政治的な色合いをもっていることを知るだろう。

影山　健（かげやま　けん）経歴

一九三〇年生まれ（二〇一六年没）
東京教育大学体育学部卒業
東京大学大学院修士課程修了
教育学修士

文部省体育局文部事務官
名古屋大学講師
東京都立大学助教授
愛知教育大学教授を経て　一九九四年退官
愛知教育大学名誉教授

専門
体育学、スポーツ社会学、健康科学

編著書
『国民スポーツ文化』（大修館　一九九七年）
『反オリンピック宣言』（風媒社　一九八一年）
『草の根教育運動のために』（国土社　一九八三年）
『みんなでトロプス』（風媒社　一九八四年）
『スポーツからトロプスへ』（風媒社　一九八八年）
『健康の落とし穴　養生としてのスポーツ』（大島清監修　財務省印刷局　一九九四年）
その他多数

おわりに

本書は、影山健先生の追悼論文集として、岡崎勝、土井俊介、山本芳幹の三人で企画を立て、まとめてきたものである。本来であれば、影山先生と古くから親交のあったたくさんの方たちにもお声がけをし、構成等についてもご相談しながら進めていくべきものであったかもしれない。しかし、愛知教育大学で先生に教えを請い、以来四十年にわたって謦咳に接してきた私たちとしては、ぜひ先生が遺した未来への思いを、できるだけストレートに伝えていける内容にしたいと考えた。

そのため、先生がこれまで遺されてきた膨大なお仕事のなかで、本書に記載されているのはそのごく一部のものである。特に、学会関係の論文集、紀要などで発表された学術論文などはほとんど選んでいない。

そうしたものよりは、一般市民の方たち、あるいは教育関係者、体育科教員などが手にする媒体に掲載されたものを中心に構成した。また、書かれた年代も、名古屋五輪招致反対の市民運動が盛り上がってきた一九八〇年代初頭から、反管理教育についての市民運動や、「スポーツと権力」の問題を「トロプス」という実践的な取り組みを通して広く社会に訴えようとしていた一九九〇年代前半までのものが中心になっている。この時期は、東西冷戦の時代が終わりを告げ、その後の社会のあり方を大きく変えていく新自由主義的な考え方が、社会のさまざまな場面で目立つようになってきていた。そうした時代にあって、日常的な市民生活の多様な局面において、「権力の網の目」が私たちの暮らしをしっかりと取り囲んでいく様態が目につくようになってきた。そうしたなかで、いかに私たち自身の自由や自律性を取り戻していくか。そんな問題意識が、影山先生が展開した反管理教育、反競争スポーツへの批判へと結びついていったと思われる。

岡崎、土井、山本の三名は、右も左もわからぬ学生時代から、影山先生のもとで学んできた者である。しかしながら、決して「良き生徒」などではなく、何かあれば先生に向けて臆面もなく批判的な意見をぶつける問題児たちであった。そんな私たちに対して先生は、決して頭から否定したり、無視したりすることはなく、といって大人の対応で「やり過ごす」といったこともなく、つねに全力で向き合い、とことん論議を尽くしてくださった。今回、収録した論文をあらためて読み直してみると、その当時の熱い息吹を感じるとともに先生の懐の深さを感じ取ることができる。

二〇二〇年に東京五輪開催を迎えてしまう日本にあって、影山先生が提起してきた数多くの問題は、決して過去のものと片付けられない貴重な提言が示されていると考えている。影山先生が遺された未来への熱い思いを、できるだけ多くの方たちと共有できれば幸いである。

最後に、生涯の伴侶として影山先生を常に側で支えてこられた影山澄子さんには、本書刊行をご承諾いただいたこと、お礼申し上げます。また、ゆいぽおとの山本直子さんには、本書出版において、細部にわたりお気遣いいただいたこと、感謝に堪えません。

山本芳幹

編集
高度産業社会批判社　自由すぽーつ研究所
　スポーツ・体育に限らず、身体をめぐるさまざまな社会現象をとりあげて実践的に論評するグループ。
イージーティーチャー　岡崎　勝　一九五二年生まれ
ファンキーティーチャー　土井俊介　一九五七年生まれ
ボヘミアンライター　山本芳幹　一九五七年生まれ

批判的スポーツ社会学の論理
―その神話と犯罪性をつく―
２０１７年10月17日　初版第1刷　発行
著　者　影山　健
編　者　自由すぽーつ研究所
　　　　岡崎　勝　土井俊介　山本芳幹
発行者　ゆいぽおと
〒４６１‐０００１
名古屋市東区泉一丁目15‐23
電話　０５２（９５５）８０４６
ファクシミリ　０５２（９５５）８０４７
http://www.yuiport.co.jp/
発行所　ＫＴＣ中央出版
〒１１１‐００５１
東京都台東区蔵前二丁目14‐14
印刷・製本　モリモト印刷株式会社
内容に関するお問い合わせ、ご注文などは、すべて右記ゆいぽおとまでお願いします。
乱丁、落丁本はお取り替えいたします。

ISBN978-4-87758-467-2 C0037

ゆいぽおとでは、
ふつうの人が暮らしのなかで、
少し立ち止まって考えてみたくなることを大切にします。
テーマとなるのは、たとえば、いのち、自然、こども、歴史など。
長く読み継いでいってほしいこと、
いま残さなければ時代の谷間に消えていってしまうことを、
本というかたちをとおして読者に伝えていきます。